人文基础简明教程

- 应用文书
- 演讲口才
- 现代礼仪

蒙一丁 ◎ 主编

清华大学出版社
北京

内 容 简 介

应用文写作、演讲与口才、现代礼仪是大学生人文素养培育的重要内容，本书汇总三门课程的教学内容于一体，是人文类通识性课程的配套教材。本书的编写本着人文类理论知识和专业技能密切结合的理念，融入编者多年的实践探索，采用模块化教学方法编写，有助于形成智能一体、知行合一、理论与实践密切结合的应用型人才培养模式。

本书设计应用文书、演讲口才、现代礼仪三个模块，将学生的人文知识与能力培养全方位纳入课程体系，学生通过学习获得这三个方面的基本技能，不仅能够进一步提升学生的人文素养，还能够使学生直接掌握这三个方面的操作能力，满足人才的社会就业需求。本书既可作为高等院校人文素养通识课程的教材使用，也可供初入职场的人员作为工具书参考阅读。

本书封面贴有清华大学出版社防伪标签，无标签者不得销售。
版权所有，侵权必究。举报: 010-62782989, beiqinquan@tup.tsinghua.edu.cn。

图书在版编目（CIP）数据

人文基础简明教程: 应用文书 演讲口才 现代礼仪 / 蒙一丁主编. -- 北京: 清华大学出版社，2024.9. -- ISBN 978-7-302-66929-6

I. H152.3；H019；K891.26

中国国家版本馆 CIP 数据核字第 2024N4Q042 号

责任编辑: 吴梦佳
封面设计: 傅瑞学
责任校对: 袁 芳
责任印制: 刘 菲

出版发行:	清华大学出版社		
网　　址:	https://www.tup.com.cn, https://www.wqxuetang.com		
地　　址:	北京清华大学学研大厦 A 座	邮　　编:	100084
社 总 机:	010-83470000	邮　　购:	010-62786544
投稿与读者服务:	010-62776969, c-service@tup.tsinghua.edu.cn		
质量反馈:	010-62772015, zhiliang@tup.tsinghua.edu.cn		
课件下载:	https://www.tup.com.cn, 010-83470410		
印 装 者:	涿州汇美亿浓印刷有限公司		
经　　销:	全国新华书店		
开　　本:	185mm×260mm	印　张: 12	字　数: 273 千字
版　　次:	2024年9月第1版	印　次:	2024年9月第1次印刷
定　　价:	45.00 元		

产品编号: 107368-01

序 言

  高等院校的大学生人文类必修课程应该怎么样开设，是一个值得认真思考和深入研究的重要问题。我们学校是一所以工科为主的公有民办大学，建校20多年来，一直秉承着"奉献和创新精神强，基础和专业能力强"的人才培养理念，着眼于社会需求和市场需求制订切实可行的人才培养方案。人文类必修课程也是紧紧围绕人才培养理念不断地进行探索，先后开设过应用文写作、演讲与口才、公共关系礼仪、大学语文等课程，并且还编写过教材《应用写作与演讲口才》。在教学过程中，我们不断收集各方面的意见，积累经验，特别是注重听取学生的意见和建议，感觉到应用文写作、演讲与口才、公共关系礼仪这三门课程非常受学生欢迎。学生通过学习，不仅掌握了这三门课程的理论知识，还掌握了这三门课程的专业技能，增强了就业优势，并且受益终身。在这种情况下，我们从学校的实际情况出发，组织人文基础教研部教师编写了《人文基础简明教程　应用文书　演讲口才　现代礼仪》作为内部授课讲义，同时将这门课程确定为全校学生的公共必修课。现在出版的《人文基础简明教程　应用文书　演讲口才　现代礼仪》就是在这个授课讲义的基础上经过两轮修改才最后定稿的。

  人文类公共必修课属于通识性课程，与专业课程相比，课时不可能安排太多。如何利用较少的课时使学生获得较大的学习收获，是开好人文类公共必修课的关键。《人文基础简明教程　应用文书　演讲口才　现代礼仪》由应用文书、演讲口才、现代礼仪三个教学模块构成。之所以采用模块式教材结构，是为了在这门课程教学过程中强调模块化教学方法，实现智能一体、知行合一、理论与实践密切结合的应用型人才培养目标。应用文书模块主要是侧重有代表性的应用文种类的性质、结构、格式、要领等基本要求的教学和实训，而应用文写作的更深、更高水平要求，则是一个知识不断积累、实践反复打磨的长期过程，短暂的课堂教学只能是一个启蒙式的开端。演讲口才模块主要是侧重演讲的教学内容。基本语言是人类发展到高级阶段才出现的思想情感交流技术，这种技术的现代表现方法包括语音表义和文字表义两种。演讲口才模块着重于语音表义方法的教学和实训，目标是通过有限的课堂教学使学生掌握一门较高水平的语言表达技术。至于口才技巧的运用和提高，最重要的还是由综合文化水平决定，需要长期不懈的努力和积累。现代礼仪模块更加注重现代文明社会所必要的礼仪规范，避开了有学术争论的赘述，使学生通过清晰明了的课堂教学更快地把握现代礼仪的精华与本质。

大学的通识课教学虽然并不要求具有与专业课教学一样的深度，但是不能因此降低通识课的学术水平。一方面，教师同样需要启迪学生的独立思考能力和创新能力；另一方面，教材本身也需要具有科研含量。人文基础教研部在编写《人文基础简明教程　应用文书　演讲口才　现代礼仪》过程中，对相关学科的内容结构、模糊观点、理论缺陷进行了大胆的纠正和调整，因而使这本书体现出一定的科研水平。例如，应用文书模块对应用文写作的结构分级方法提出了"文书类、文章类、混合类"三分法，有利于学生对应用文写作的格式规范加深理解和正确把握；演讲口才模块对语言类型划分提出了四分法，并且提出了"基本语言"概念，进一步厘清了语言类型划分中的模糊观点；现代礼仪模块针对当下宴会中隔着餐桌碰杯敬酒乃至将酒水洒进饭菜中的不雅行为提出批评，并且指出正确敬酒碰杯的方式。

《人文基础简明教程　应用文书　演讲口才　现代礼仪》采用了教学纲要式的编写方法，不使用冗长繁杂且陈旧过时的案例，观点明确，语言精练，条理清晰。虽字数不多，但信息量很大。这样的编写方法可以给教师备课留足发挥空间，一是结合实际，使用最新的案例；二是课程思政，实现思政元素与教学内容的深度融合。例如，应用文写作特别强调真实性原则；演讲口才实训案例多采用具有正能量的诗文名篇；现代礼仪所推崇的"相互尊重"，与社会主义核心价值观所主张的"文明、和谐""诚信、友善"和我国教育方针中内涵的心灵美、行为美都有着密切的关系。如果教师在课堂上能够把握好这些方向性的内容，一定会使这门课程更加充实、更加生动、更加符合我们组织编写这本书的初衷和目的。

长春工业大学人文信息学院董事长

2024 年 3 月 22 日

前　言

　　注重文化育人、努力提升大学生的人文素养，是我校创始人、老董事长陈坚同志和我校创始人、现任董事长张兆华教授历年来始终坚持的办学理念，并且已经形成了长春工业大学人文信息学院的办学特色。多年来，人文基础教研部在人文基础的教学内容、教学方法、课程设计、学科建设等方面进行了大胆的探索、改革、创新，逐步获得了比较成熟的经验，编写了《人文基础简明教程　应用文书　演讲口才　现代礼仪》。这本书的内容包括应用文书、演讲口才、现代礼仪三个教学模块，教学目的不仅在于让学生通过学习获得这三个方面的理论知识，更是要求学生通过学习获得这三个方面的基本技能，全面提升学生的人文素养。

　　所谓人文，就是人类文化的简称。马克思主义文化观把文化这个概念划分为广义和狭义两种含义。广义的文化概念是指与自然界相对而言的人类的一切活动现象。用马克思的话说，文化就是"自然的人化"或"人化自然"。之所以这样说，是因为思想、观念、意识的生产最初是直接与人们的物质生活、与人们的物质交往、与现实生活的语言交织在一起的。人们的想象、思维、精神交往在这里还是人们物质行动的直接产物（《马克思恩格斯选集》第1卷，人民出版社1995年版，第72页）。

　　把文化看作相对于自然而言的人的一切活动现象，反映了文化概念在形成之初人类社会活动比较简单的状况。随着社会的发展，人类的社会活动逐渐变得纷繁复杂起来，生产力的发展使生产领域成为需要进行专门研究的学问——经济学；阶级的形成、国家的出现使权力、制度、管理领域也成为需要进行专门研究的学问——政治学；文学艺术、思想信仰、道德规范、价值观念等精神领域也成为需要进行专门研究的学问——文化学。当人类社会发展到这个时候，无所不包的全部社会现象都简单地用文化一词来表达，显然已经不能适应人类社会发展的需要。当经济、政治、文化等概念逐渐从大文化概念中分离出来时，狭义文化的概念也就诞生了。马克思在《哥达纲领批判》中讲到权力问题时说，"权力永远不能超出社会的经济结构以及由经济结构所制约的文化发展"（《马克思恩格斯全集》第19卷，人民出版社1963年版，第22页）。在这里，马克思所谓的权力、经济、文化三个概念显然是在并列层次上使用的，经济结构决定文化发展，而经济结构和社会的文化发展又决定权力的性质、地位和作用。这段论述不仅确认了狭义文化概念，还深刻地论述了权力、经济、文化三者的辩证关系。马克思主义创始人对狭义文化原理的运用，标志着马克思主义文化理论的形成。

　　由此可见，广义文化涵盖了狭义文化，狭义文化仅仅是指广义文化中人的意识形态及其成果。其具体内容可以归纳为思想信仰、价值观念、道德规范、知识体系四个基本要素。知识体系又可以划分为理论知识和技能知识两大类。《人文基础简明教程　应用文书　演讲口才　现代礼仪》中所包含的应用文书、演讲口才、现代礼仪既是狭义文化基本要素中的知识体系内容，又与思想信仰、价值观念、道德规范密切相关。作为高等院校的知识体系教学，我们通常会更加注重学术理论的创新，在回答是什么、为什么、做什么的同时，更加注重研究和回答为什么。但是，长春工业大学人文信息学院是一所以工科为主体、以应用型人才培养为目标的高等院校，把"人文基础简明教程"设置为全校学生必修的课程，显然不是为了让全校学生都把应用文书、演讲口才、现代礼仪作为学术理论来学习和研究，而是为了使学生在普遍掌握这三门基本理论知识的同时，更好地掌握这三门基本技能知识，包括写作技能、演讲技能和礼仪规范技能，以便更好地满足社会需求和市场需求。

　　多年来，人文基础简明教程课程一直采取模块化教学方法。所谓模块化教学，是一种强调智能一体、知行合一、理论与实践密切结合的应用型人才培养模式。应用型人才的培养不能沿袭传统的以追求学科体系完整、追求知识内容高深为特征的教学方法，而是需要进行方法与体系的全面创新。在课程内容选择上，需要以提高应用能力为导向，围绕社会对应用型人才知识、能力和素质上的要求，坚持实用、适用、管用的原则，把学生的能力培养全方位纳入课程体系中，实现从过去课程的旧体系到新的模块化教学新体系的根本性转变。

编　者
2024 年 4 月

目 录

第一模块 应用文书

绪论 2
  一、中文写作分类 2
  二、应用文与文学文写作的本质区别 2
  三、应用文的结构与内容 3

第一章 通用文书 7

第一节 毕业论文与毕业设计 7
  一、毕业论文 7
  二、毕业设计 10

第二节 条据与求职信 12
  一、条据 12
  二、求职信 13

第三节 计划与总结 15
  一、计划 15
  二、总结 17

第四节 调查报告 19
  一、调查报告的性质和作用 19
  二、调查报告的特点 20
  三、调查报告的分类 20
  四、调查的方法 21
  五、调查研究的步骤 22

　　　　六、调查报告的结构与写法 …………………………………………… 23
　　　　七、调查报告的写作要求 ……………………………………………… 24

　　第五节　规章制度 ………………………………………………………… 25
　　　　一、规章制度的性质和特点 …………………………………………… 25
　　　　二、规章制度的结构和写法 …………………………………………… 25
　　　　三、规章制度的写作要求 ……………………………………………… 28

　　第六节　消息与通讯 ……………………………………………………… 29
　　　　一、消息 ………………………………………………………………… 29
　　　　二、通讯 ………………………………………………………………… 30

第二章　政务文书 …………………………………………………………… 34

　　第一节　公告与通告 ……………………………………………………… 34
　　　　一、公告 ………………………………………………………………… 34
　　　　二、通告 ………………………………………………………………… 36

　　第二节　通报与通知 ……………………………………………………… 38
　　　　一、通报 ………………………………………………………………… 38
　　　　二、通知 ………………………………………………………………… 39

　　第三节　请示与报告 ……………………………………………………… 42
　　　　一、请示 ………………………………………………………………… 42
　　　　二、报告 ………………………………………………………………… 44

　　第四节　函与纪要 ………………………………………………………… 48
　　　　一、函 …………………………………………………………………… 48
　　　　二、纪要 ………………………………………………………………… 50

第三章　商务文书 …………………………………………………………… 54

　　第一节　经济活动分析报告 ……………………………………………… 54
　　　　一、经济活动分析报告的性质和作用 ………………………………… 54
　　　　二、经济活动分析报告的类型和特点 ………………………………… 55
　　　　三、经济活动分析报告的构成与写法 ………………………………… 56
　　　　四、经济活动分析报告的写作要求 …………………………………… 57

　　第二节　营销策划书 ……………………………………………………… 58
　　　　一、营销策划书的性质 ………………………………………………… 58
　　　　二、营销策划书的构成与写法 ………………………………………… 58

三、营销策划书的写作要求 ………………………………………… 60

　第三节　招标书与投标书 ……………………………………………… 61
　　　一、招投标活动的性质和程序 …………………………………… 61
　　　二、招标书 ………………………………………………………… 62
　　　三、投标书 ………………………………………………………… 63

　第四节　意向书、协议书与合同书 …………………………………… 66
　　　一、意向书 ………………………………………………………… 66
　　　二、协议书 ………………………………………………………… 67
　　　三、合同书 ………………………………………………………… 69

第四章　法律文书 …………………………………………………… 74

　第一节　起诉状与答辩状 ……………………………………………… 74
　　　一、起诉状 ………………………………………………………… 74
　　　二、答辩状 ………………………………………………………… 76

　第二节　上诉状与申诉状 ……………………………………………… 78
　　　一、上诉状 ………………………………………………………… 78
　　　二、申诉状 ………………………………………………………… 80

　第三节　劳动争议仲裁申请书与答辩书 ……………………………… 82
　　　一、劳动争议仲裁申请书 ………………………………………… 82
　　　二、劳动争议仲裁答辩书 ………………………………………… 83

　第四节　公证书 ………………………………………………………… 84
　　　一、公证书的性质 ………………………………………………… 84
　　　二、公证书的种类 ………………………………………………… 84
　　　三、公证书的特点 ………………………………………………… 84
　　　四、公证书的结构与写法 ………………………………………… 85
　　　五、公证书的写作要求 …………………………………………… 85

第二模块　演讲口才

第五章　语言类型 ……………………………………………………… 88

　第一节　基本语言 ……………………………………………………… 88

一、基本语言的含义 …………………………………… 88
　　二、基本语言的特征 …………………………………… 88
　　三、基本语言的使用要求 ……………………………… 89
　　四、基本语言的技术训练 ……………………………… 90

第二节　态势语言 ……………………………………………… 94
　　一、态势语言的含义 …………………………………… 94
　　二、态势语言的特征 …………………………………… 94
　　三、态势语言的使用要求 ……………………………… 94
　　四、态势语言的训练 …………………………………… 94

第三节　类语言 ………………………………………………… 96
　　一、类语言的含义 ……………………………………… 96
　　二、类语言的运用 ……………………………………… 97

第四节　手语 …………………………………………………… 99
　　一、手语的含义 ………………………………………… 99
　　二、手语的特性 ………………………………………… 99
　　三、手语的构成 ………………………………………… 99
　　四、手语的语法规则 …………………………………… 101
　　五、手语使用注意事项 ………………………………… 102

第六章　口才技巧 ……………………………………………… 104

第一节　叙事说理技巧 ………………………………………… 104
　　一、叙事技巧 …………………………………………… 104
　　二、说理技巧 …………………………………………… 105

第二节　修辞逻辑技巧 ………………………………………… 107
　　一、修辞技巧 …………………………………………… 107
　　二、逻辑技巧 …………………………………………… 108

第三节　演讲技巧 ……………………………………………… 109
　　一、演讲的含义 ………………………………………… 109
　　二、演讲的类型 ………………………………………… 109
　　三、演讲的准备 ………………………………………… 109
　　四、演讲的临场技巧 …………………………………… 111

第四节　辩论技巧 ……………………………………………… 113
　　一、辩论的含义 ………………………………………… 113

二、辩论的原则 ………………………………………… 113
　　三、辩论的类型 ………………………………………… 113
　　四、赛场辩论通行方案 ………………………………… 114

第五节　播音主持技巧 …………………………………… 117
　　一、备稿 ………………………………………………… 117
　　二、播音创作情感 ……………………………………… 118
　　三、情境再现 …………………………………………… 119
　　四、内在语 ……………………………………………… 120
　　五、对象感 ……………………………………………… 120

第三模块　现代礼仪

第七章　日常交往礼仪 …………………………… 124

第一节　个人形象礼仪 …………………………………… 124
　　一、表情 ………………………………………………… 124
　　二、仪容 ………………………………………………… 125
　　三、举止 ………………………………………………… 126
　　四、着装 ………………………………………………… 129

第二节　与人见面礼仪 …………………………………… 133
　　一、称呼 ………………………………………………… 133
　　二、介绍 ………………………………………………… 137
　　三、行礼 ………………………………………………… 140

第三节　交谊共处礼仪 …………………………………… 143
　　一、交谈 ………………………………………………… 144
　　二、舞会 ………………………………………………… 144
　　三、乘车 ………………………………………………… 146

第八章　公务活动礼仪 …………………………… 150

第一节　国旗、礼宾与会议 ……………………………… 150
　　一、国旗 ………………………………………………… 150
　　二、礼宾 ………………………………………………… 151
　　三、会议 ………………………………………………… 154

第二节　庆典与剪彩 …………………………………………… 161
　　　一、庆典 ……………………………………………………… 161
　　　二、剪彩 ……………………………………………………… 162
　　第三节　餐饮 …………………………………………………… 165
　　　一、中餐 ……………………………………………………… 165
　　　二、西餐 ……………………………………………………… 170
　　　三、自助餐 …………………………………………………… 172
　　　四、茶 ………………………………………………………… 173
　　　五、咖啡 ……………………………………………………… 174
　　　六、酒水 ……………………………………………………… 174

参考文献 ……………………………………………………………… 177
后记 …………………………………………………………………… 178

第一模块

应用文书

本书中的应用文书内容专指现代应用文写作。当今时代，知识经济、信息经济、科技经济迅猛发展，应用文写作的功能和作用显得更加重要。作为现代青年人，掌握必要的应用文写作知识、具备较高的应用文写作技能，是适应现代社会人才需求的必要条件。

应用文写作是一门博大精深的学问，内容纷繁复杂，我们所选择的内容分为绪论和通用文书、政务文书、商务文书、法律文书四章。这些内容在今后的工作中使用率较高，希望同学们在学习过程中重点掌握这些文种的格式、结构和基本要求、基本技法，以便将来能够独立地承担起相关工作。

绪　论

写作是人类社会特有的一种信息传播方法，是人们以语言文字手段表达思想感情和思维认识的实践活动。中文写作的体裁可以分为应用文体和文学文体两大类。应用文体是各类机关团体、企事业单位和个人在工作、学习和日常生活等社会活动中，用于处理各种公私事务、传递交流信息、解决实际问题所使用的具有直接使用价值的多种文体的统称。文学文体是运用虚构和想象反映社会生活、表达思想感情等的艺术性文体的统称。

一、中文写作分类

（一）应用文体

（1）记叙文：新闻（消息）、通讯、访问记、游记、传记、回忆录、报告文学等。
（2）议论文：社论、政论、评论、宣言、声明、读后感、杂文、学术论文等。
（3）说明文：介绍性说明文、应用性说明文等。

（二）文学文体

（1）诗歌：自由诗、格律诗、散文诗、叙事诗、抒情诗、民歌、儿歌等。
（2）小说：长篇小说、中篇小说、短篇小说、微型小说、历史小说、科幻小说等。
（3）散文：叙事散文、抒情散文等。

二、应用文与文学文写作的本质区别

（1）应用文写作目的明确，在社会实践中遇到了什么问题，需要用应用文解决什么问题，必须具有直接的针对性；文学文虽然在写作中也需要反映社会生活、表达思想感情，但是不能直接解决具体事务问题。
（2）应用文语言简约规范，直截了当，无须赘述；文学文则需要尽情描述、尽情想象、尽情渲染。
（3）应用文体例格式固定，不能自己随意创新，有些体例格式是约定俗成的，也有一些体例格式是由国家统一规定的，不遵循这样的体例格式，就容易引起误解和歧义；文学文则不必有固定的体例格式、固定的语言词汇、固定的写作手法，可以尽情创新、创造。

（4）应用文内容真实可靠，不允许说谎、造假、虚构、夸张、隐瞒、失实，必须如实反映客观事实，实事求是；文学文虽然也要求来源于生活，但是更要求高于生活，因而可以虚构、想象、夸张、比拟，这是一种必要的艺术创作。

三、应用文的结构与内容

应用文结构是指文章内部的组织和构造，是作者按照主题的需要对材料进行的有机组合和编排，又称谋篇布局。

（一）标题

1. 公文式标题

公文式标题通常可以有一要素标题、二要素标题、三要素标题、四要素标题等。

（1）一要素标题。由文种名称作标题，如《通知》。

（2）二要素标题。由事由和文种名称组成标题，如《关于节假日休息的通知》。

（3）三要素标题。由发文单位、事由和文种名称组成标题，如《××县政府关于节假日休息的通知》。

（4）四要素标题。由发文单位、时间、事由和文种名称组成标题，如《××市××研究所××年度科研工作总结》。其中，单位和时间顺序可根据内容需要互换位置。

构成公文式标题的四个要素中，可以根据具体情况和需要，适当省略第二、第三、第四个要素，唯有第一个要素不能省略，即必须保留文种名称。

2. 新闻式标题

（1）单标题。即单行标题，通常有三种以下标题方式。

① 主旨式。标题直接提出该文的主旨，如《让开放的大门越开越大》（人民日报2023年4月1日）。

② 事实式。标题陈述基本事实，如《解开一千八百年前铸铁成钢之谜》（人民日报2023年4月1日）。

③ 问题式。标题提出问题，内容寻求答案，如《调查研究应少些被动安排》（人民日报2023年4月4日）。

（2）双标题。即有正题和副题的双行标题，其中正题应该符合单标题的要求，突出应用文书的主旨；副题则对正题起补充说明的作用，通常由内容加文种构成。如《努力拼搏，无私奉献——××省供销系统××年工作总结》《为中国式现代化提供坚实资源支撑——写在第三十三个全国土地日》。

（二）开头

应用文种类很多，各种开头可以因文种而不同，不拘一格。下面列举几个例子。

1. 概述式

概述式开头是应用文写作中较为常用的一种开头方法，直接写出基本情况、基本问题或工作的大致过程。这种开头多用于调查报告、简报、总结、会议纪要、通知、消息、通讯等文种。

2. 引用式

引用式开头指文章开头部分直接引述上级指示、有关政策规定或有关单位来文作为撰写的根据，为正文主体的表达做好准备。报告、批复、通知、通令、评论等多采用这种方法。

3. 根据式

根据式开头就是根据上级的有关精神或配合某项工作而对下级或本单位的工作作出指示、安排，起始处常有"根据""按照"等词语，一般用于决定、通知、批复、通告、规章、调查报告、市场预测报告、合同等文种。

4. 目的式

目的式开头就是在开头写明某项活动或举措的意义、背景等情况，常见于通告、通知、条例、公告、意见等。在起始处常用"为了""为"等词语表明目的。

5. 原因式

原因式开头就是直接地阐明进行某项工作的条件、必要性，在很多应用文种中都可运用。在开头时常用"因为""由于"等词语。原因式开头的优点在于阐明"事出有因"，更能够引起读者的重视。

6. 结论式

结论式开头就是把有关事情的结论放在前面，然后进行叙述或分析，说明产生这个结论的事实和依据，以便引起读者对问题进行探究的渴望。总结、可行性分析报告、市场调查报告等都可采用这种方式。

（三）主体

主体是全文的重点和核心所在。主体紧接开头，转入对基本内容（包括事实）或主要问题的具体说明和详细分析。主体是开头的必然发展，关系着应用文写作的质量乃至成败。

1. 叙述方法

（1）并列式。即文章中的几个层次之间的关系是平行的、并列的。并列式也称横式结构。

（2）递进式。即文章或以事物发展的时间先后为顺序，或以由现象到本质、从因到果等逻辑关系为顺序，是逐层深入展开的结构形式，也称纵式结构。比如，开头提出问题，而后剖析研究问题，再找出原因得出结果，最后提出解决问题的办法或建议，就是一种从因到果的递进式叙述方法。

2. 结构分级

为了使文书或文件内容主题鲜明、层次清晰、逻辑性强、易于理解，应用文通常会根据内容需要用序数名称划分出不同的层级结构。而用序数名称划分应用文不同层级结构的方法又可以分为以下三类。

（1）文书类。这里的文书类是指法律、法规、法典及类似于法规的规章制度，或较大规模的规划、计划、报告等文书、文件。

按照由高到低分级排列的文书结构单位名称通常是卷、编、章、节、条、款、项、目。其中，卷、编、章、节等是标题性结构单位名称，也就是说，这四类结构单位名称之后必须根据内容写出标题；而条、款、项、目等是条文性结构单位名称，其序数名称之后不必添加标题，可以直接写内容。

从另一角度而言，卷、编、章、条是独立性的结构单位，不以其他结构单位（主要指上一级的结构单位）的存在为前提；节、款、项、目是附属性的结构单位，必须以其他结构单位（主要指上一级的结构单位）的存在为前提。

独立性结构单位的序数标识法：第一卷……；第一编……；第一章……；第一条……。

附属性结构单位的序数标识法：第一节……（其上一级的结构单位是章）；款分段，不带序数，一个自然段就是一款（其上一级的结构单位是条）；项序数为（一）……（其上一级的结构单位是款）；目序数为1.……（其上一级的结构单位是项）。

（2）文章类。这里的文章类是指文书类以外的其他应用文书。其主要特点是篇幅小、成文快、针对性强、论证有力、分析问题深入透彻。

按照由高到低分级排列的文章结构单位名称，通常就是序数本身。各级序数都不是独立结构单位，而是附属于上一级序数的结构单位。每一级序数之后可以添加标题，也可以不添加标题。

第一层级结构单位标示方法为一、……；第二层级结构单位表示方法为（一）……；第三层级结构单位表示方法为1.……；第四层级结构单位表示方法为（1）……；第五层级结构单位表示方法为①……。

（3）混合类。这里的混合类是指把文书类与文章类两种不同层级的结构划分方法结合起来混合使用的应用文体结构形式。通常情况下，章下分节，节下分级。

混合类的结构划分方法比较灵活，可以根据写作的具体情况需要，决定应用文体不同层级的结构划分形式。

（四）结尾

结尾是文章的收束，应用文的结尾方式主要有以下几种。

1. 总结式

总结式是依据正文的中心内容进行概括总结，对文中的主要观点或问题加以归纳总结或略作重申，得出结论，点明主旨，以加深读者对文章的印象，常用于总结、调查报告、通报等。

2. 号召式

号召式是在结尾处提出希望，发出要求，号召人们行动起来去落实文中所提出的要求和任务。例如，表彰性通报的结尾经常是号召人们向受表彰者学习。总结、决定、会议纪要、市场预测、计划等的结尾也常常如此。

3. 说明式

说明式是对主体部分的未尽事宜作一些补充说明，或者对与内容有关的问题作一些必要交代，以保证内容的完整性。在公文结尾交代施行日期、执行范围、传达对象、与该文规定不符的原有规定如何处置等，实际上就是对主体的必要说明。例如，通告结尾的"本通告自公布之日起生效"、通知结尾的"这个通知精神适用于各部门"等均属于说明式结尾。

4. 惯用语式

惯用语式多用于公文的结尾，主要是公文的一些惯用语句。其中包括上行文中的祈请式，如"妥否，请批示""以上意见，如无不妥，请批转各地执行"等带有请示意思的结束语；下行文中的期望式，如"特此公告""希遵照执行""希参照执行"等带有期望意味的结束语。

第一章 通用文书

日常通用文书是在日常工作、生活中使用频率比较高的文书类别,如论文、条据、求职信、计划、总结、调查报告、规章制度、消息、通讯等。由于这些文书不分行业、不论范围,具有广泛的实用性,因此在人们的日常工作和生活中特别重要。可以说,通用文书是应用文写作的重要基础。

第一节 毕业论文与毕业设计

本章所讲的毕业论文、毕业设计专指高等院校本科学生在毕业前必须提交给学校的学术研究成果。

一、毕业论文

(一)毕业论文的性质

毕业论文是高等院校学生运用学习阶段所掌握的专业知识,分析研究有关专业问题所写出的体现其学术水平和能力的文章,一般安排在修业的最后一学年进行。

(二)毕业论文的目的

要求学生撰写毕业论文的主要目的在于培养他们的科学研究能力,通过综合运用所学知识、理论和技能解决实际问题的能力,从总体上考查学生学习所达到的学业水平。

(三)毕业论文的选题

选题是所有论文撰写成败的关键。毕业论文撰写的第一步就是要确定"写什么"的问题,即确定科学研究的方向。如果"写什么"不明确,"怎么写"将无从谈起。

学生应根据所学专业的要求，在导师的指导下选定题目，进行研究和撰写。选题应围绕本专业学科发展或实践中提出的理论问题和实际问题进行，要选择有科学价值和现实意义的、切实可行的论题。同时，选题范围不宜过宽，一般选择学习中涉及的某一重要问题的一个侧面或一个难点即可。

（四）毕业论文的写作要求

从文体而言，毕业论文是对某一专业领域的现实问题或理论问题进行科学研究探索的具有一定意义的论文。毕业论文的写作要求具体如下。

1. 论点要明确新颖

论点就是立论，可以包括大论点和小论点。大论点就是文章的大标题，小论点就是为了论证大论点而提出的分论点。在写作时，大论点和小论点都要提炼出具有独创性的观点，并明确表达出来。

2. 论据要真实可靠

事实论据要确有其事，数据要精确无误，理论依据要有据可查。

3. 论证要科学严密

论证时要正确选用科学的论证方法，揭示论据与论点之间的逻辑关系，同时论点之间的逻辑关系要紧密顺畅。

4. 语言要准确严谨

毕业论文的写作必须用严谨的态度对待，它运用的语言必须体现科学语体的特征，语言表述不能有模棱两可的概念和词句。

5. 格式要符合规范

不同学校、不同专业的毕业论文均有基本标准，在写作时必须严格遵守，确保内容合乎规范，字数需符合要求。

（五）毕业论文的内容结构

1. 标题

标题是文章的眉目。要以全部或不同的侧面体现作者的写作意图和文章的主旨。

毕业论文的标题一般分为总标题、副标题、分标题几种。总标题和副标题就是毕业论文的根本立论，必须充分体现作者的独立思考和创新成果。分标题是对总标题和副标题的深入论证，是毕业论文根本立论的论据。

如果分标题以下还有必要设置不同层级的小标题，那么，每个下一层级的分标题，都必须是对所属上一层级标题的分解论证。这就是各层级标题之间必须严谨恪守的逻辑关系。

2. 目录

一般来说，篇幅较长的毕业论文都设有分标题。设置分标题的论文，因其内容的层次较多，整个理论体系较庞大、复杂，故通常设有目录。至于目录设置到哪个层级标题，在没有特殊规定的情况下，作者可以根据情况需要自己决定。

3. 摘要

摘要（内容提要）是全文内容的简要概括，需要以精简的笔墨勾画出全文的整体面目；提出主要论点、揭示论文的研究成果、简要叙述全文的框架结构和研究方法。

摘要是正文的附属部分，一般放置在论文的篇首。

4. 关键词

关键词是从论文的题名、摘要和正文中选取出来的，对表述论文的中心内容有实质意义的词汇。它是标引论文内容特征的词语，便于信息系统汇集，供读者检索。

每篇论文一般选取3～8个词作为关键词，另起一行，排在摘要的下方。论文的关键词要求简洁明了、概括性强，避免用虚词、形容词等无实际意义的词。

5. 正文

正文是毕业论文中最关键的部分，研究内容基本都通过正文来体现，具有较高的价值。正文写作是一个提出问题并解决问题的过程，正文主要包含绪论（或引言）、本论、结论三个部分。

（1）绪论。绪论是毕业论文的开头部分，它的作用是承上启下，引起读者兴趣。这一部分一般需要说明选题的背景、缘由、意义及研究目的、研究方法等，评述国内外研究的历史与现状，揭示论文的主要观点。

文献综述即概括国内外研究的历史与现状。通常在书写论文的正文部分前，我们应首先概述本论题的国内外研究的历史和现状。其内容一般包括掌握其研究的广度、深度、已取得的成果；寻找有待进一步研究的问题，从而确定本论题研究的起点、研究特色或突破点。

具体的研究方法有调查法、实验法、观察法、模拟法、文献资料法、实证研究法、功能分析法、定量分析法、经验总结法、个案研究法、比较研究法等。

（2）本论。本论是毕业论文的主体，是最核心的部分。它解决绪论部分提出的问题，详细分析、论证所研究的论题，创造出新的研究成果或展示出新的实验结果。

本论部分的内容量大而复杂，一般要分几个层次加以论述。为做到层次分明、脉络清晰，本论常分成几个大的段落。这些段落即所谓逻辑段，一个逻辑段包含几个小逻辑段，一个小逻辑段可以包含一个或几个自然段，使正文形成若干层次。每一逻辑段均可以冠以适当的分标题。一般来说，论文的层次可以按顺序采用一、（一）、1、（1）等形式的标题序号。

（3）结论。结论是毕业论文最终的、总体的结论，不是某一分支问题的结论，也不是正文中各段的简单重复。结论应当体现更深层的认识，且是从全篇论文的角度出发，经过推理、判断、归纳等逻辑分析过程而得到的具有创新性的学术总结，是毕业论文内容的精髓所在。

结论可采用"结论"等字样，要求精炼、准确地阐述自己的创造性工作或新的见解及其意义和作用，还可提出需要进一步讨论的问题和建议，适当展望研究前景和指出论义的不足之处。

6. 参考文献

为了对前人的科学成果表示尊重，也为了指明引用资料出处以便于检索，在论文后应严格按照规定格式列出参考文献（见国标 GB/T 7714—2015）。毕业论文的撰写应本着严谨、求实的科学态度，凡有引用他人成果之处，均应按在文中出现的先后次序列于参考文献中。

7. 致谢

依照规定，致谢语句可以放在正文后，体现对组织或个人的谢意。在毕业论文的致谢里，一般主要感谢在这一学段中给予教导的导师和对论文完成有直接贡献的人士及单位。

8. 附录

一些有重要参考价值的内容，或一些不宜放入正文中但作为毕业论文又不可缺少的部分，可作为附录编入毕业论文的最后部分。例如，问卷调查原件、数据、图表及说明等。

（六）毕业论文的答辩

学生在完成毕业论文后要进行答辩，并由答辩委员会评定成绩。

论文答辩的设置，旨在进一步考查作者对专业知识掌握的深度和广度，审查毕业论文是否由学生独立完成等情况。

对于答辩者来说，必须有针对性地做好准备，对文中有关问题作进一步的推敲和研究，把相关基本理论及文章基本观点彻底弄懂弄通，以求顺利、高分通过答辩。

二、毕业设计

（一）毕业设计的性质

毕业设计是学生运用所学知识解决实际问题的新方法、新流程、新技术，是毕业学生应该独立完成的总结性作业。毕业设计主要有计算机毕业设计、机械毕业设计、工艺毕业设计、模具毕业设计、光电子毕业设计等。

（二）毕业设计的目的与要求

毕业设计旨在检查学生在校期间的学习成果，是评定毕业成绩的重要依据。同时，通过进行毕业设计，也能使学生对某一课题展开深入系统的研究，培养综合运用已有知识独立解决问题的能力。

基本要求：一定要有结合实际的具体项目设计或针对具体课题进行的有独立见解的论证，要求的技术含量较高；设计应该在教学计划所规定的时限内完成；书面材料框架及字数应符合规定。

毕业设计不同于毕业论文，以"机械毕业设计"为例，2005年以后国家教育部门提出新要求，结合工厂需求加入了三维设计、模拟仿真及程序分析研究，包括毕业设计图纸（三维"UG、PRO/E、CAM、CAXA、SW"+CAD 二维工程图）+开题报告+任务书+实习报告+说明书正文。由此可见，做出一份优质的毕业设计需要付出相当多的努力。

（三）毕业设计的基本步骤

1. 确定课题

选题是毕业设计的关键。一个良好的课题能强化理论知识及实践技能，使学生充分发挥创造力，圆满地完成毕业设计。

毕业设计的课题可从以下几个方面综合考虑：能够综合所学知识；能够结合学科特点；能够有一定的实用性。

2. 项目分析

部分毕业设计需对一个即将开发的项目进行系统分析。重点是收集整理应用项目的背景分析、需求分析、平台选型、总体设计、设计部分模块的细化、使用的开发工具。其成果需包括引言、项目分析设计、项目实现、结束语。

3. 指导设计

指导教师首先要指导学生分析课题，确定并完善设计思路，合理使用工具书，充分利用技术资料。对于学生完成任务的质量和速度，指导教师有义务及时监督，并及时指出其存在的不足，启发学生独立思考。

学生设计时应注重理论与实际相结合，充分考虑设计的可行性。在设计过程中，应秉持良好的安全意识和严谨的工作作风。设计完成后，应对自己的设计过程作全面的总结。

4. 组织答辩

答辩是检验学生毕业设计质量与水平的最终考试。答辩有助于学生全面反思其设计过程，检验其应变能力及自信心，为学生的工作实践打下坚实的基础。教师要积极引导学生反思并总结在设计过程中积累的经验，分析设计效果，找出不足并加以改进。

毕业设计成绩评定标准主要有两个方面：一方面是毕业设计的质量；另一方面是答辩的表现。

（四）毕业设计的写作要求

1. 摘要

摘要是毕业设计主要信息的简要陈述，具有独立性和完整性，主要对毕业设计课题的来源、目的、设计的目标和使用的技术等做综合性的概述，一般字数在200字以内。

2. 正文

正文部分包括前言、主体和结论。

前言作为开场白，应以简短的篇幅说明毕业设计选题的目的和意义、国内外文献综述、研究的内容及预期目标，要求突出重点、实事求是。

主体是核心部分，占主要篇幅。文中插入的图表要符合国家标准，经过精心设计后用计算机绘制，尽量避免扫描图表。

结论是整个毕业设计的最后总结，应完整、准确、简洁地指出得到的结果所揭示的原理及其普遍规律、研究中尚难以解决的问题、与同类研究工作的异同及进一步深入研究本课题的建议。

3. 参考文献

凡引用本人或他人已公开或未公开发表文献中的学术思想、观点或研究方法、设计方案等，不论借鉴、评论、综述，还是用作立论依据，都应编入参考文献目录。各条文献按在论文中的引用序号排序。毕业设计引用的中外参考文献应以已发表的与毕业设计直接相关的文献为主。

思考题

1. 毕业论文、毕业设计的写作目的是什么？
2. 写好一篇毕业论文需要进行哪些前期准备？
3. 毕业论文与毕业设计的写作目的和方法有哪些根本区别？

第二节　条据与求职信

一、条据

（一）条据的性质和作用

1. 条据的性质

条据是相互交往的一方写给另一方的情况说明或凭据，包括"条"和"据"两类。

条就是便条，如请假条；据就是单据，如借条、收条等。

2. 条据的作用

条据的作用是使对方知情，便于查证、备忘和作为凭据。

（二）条据的文体结构

1. 标题

标题即条据名，写在首行正中，如"收条""借条""请假条"。

2. 正文

（1）称呼。第一行顶格写称呼，称呼之后加冒号，然后礼貌性地问好。

（2）主体。下一行开头空两格，直接写事项，包括姓名、事情、时间、地点、原因、目的等。

（3）结尾。接主体部分或另起一行后空两格写"望批准""此据"等，接下来可以写"祝颂语"，也可以不写。

3. 落款

正文右下方写条据人的姓名，姓名下写日期。根据需要，可以加盖公章或按指印，也可以手写签名。

（三）条据的写作要求

（1）条据不得用铅笔或圆珠笔书写，不得随意涂改。必要时，应在涂改处签字。

（2）文中涉及的数字必须紧接相关文字，数字之后加"整"字。一组数字不能分在两行写。必要时可用大写汉字书写。

（3）文中涉及货币时，必须标明币种。

（4）署名不可打印，必须亲手笔签，防止他人作假。

（5）请假条必须写明起止时间。

（6）无论哪种条据，都要语言简洁，一条一纸。这里的"一条"是指一件事，而不是一件事需要划分的几个层次或需要使用的序数。

二、求职信

（一）求职信的性质

求职信是求职者向用人单位介绍并推销自己，希望加入对方单位而写的一种专用书信。

求职信有两种情况：一种是不知道用人单位是否需要人；另一种是已通过某种渠道获取对方单位需要招聘人员的相关信息。

（二）求职信的结构与写法

1. 标题

正文第一行居中写"求职信"。

2. 称呼

下一行顶格写收信单位或收信人称呼。如"贵单位"或"人事部经理"等，还可在称呼前加限定语"尊敬的"等，称呼之后加冒号，然后礼貌性地问好。

3. 正文

标题下一行开头空两格，先写明求职岗位，如果不知道对方单位是否招聘人才，可表示出自己想加入对方单位的意愿。然后说明求职的原因，介绍求职人的自然情况、工作能力、工作经验、工作业绩等。最后可以对待遇提出自己的要求，也可以表示愿意接受该单位给予的待遇条件。求职信的主体要求语言简洁、详略得当。

4. 致敬语

求职信的致敬语非常重要，如"企盼您的选择""静候您的佳音"等，最后写"此致敬礼"。

5. 署名和日期

在最后一页的右下方写明求职者的姓名和年月日。

6. 附件

在署名和日期的下面，另起行空两格写"附件"，并且在之后加冒号。为了证明所述内容的真实性，求职者应该将学历证书、获奖证书、能力证书、实践活动证书等有关资料的复印件分类用序号标清写在下面。

（三）撰写求职信的注意事项

（1）实事求是地介绍自己。要着重介绍自己的求职优势和条件，尽量把自己的优势量化，避免大而空或对自己进行过多的定性描述。造假是求职信的大忌。

（2）用语要不卑不亢。求职信的语言要求不过分谦虚，也不自高自大。

（3）语言要言简意赅。求职信不能太长，在说明白的前提下，越短越好。

（4）联系方式要详细，以便收到信息后及时准确地回复信息。

思考题

1. 写条据过程中应该注意什么？
2. 求职信应该怎样向用人单位展示自己的优点？
3. 求职信的写作结构和注意事项是什么？

第三节　计划与总结

一、计划

（一）计划的性质和作用

计划是为了实现某一管理目标、完成某项任务、开展某项工作而预先做出安排和设计的书面文件。有了计划，工作就有了明确的目标，行动就有了具体的步骤。因此，写好计划是进一步做好工作的前提。

（二）计划的特点

1. 预见性

计划不是对已经形成的事实和状况的描述，而是在行动之前对行动的任务、目标、方法和措施作出的预见性确认。但这种预想不是盲目主观的推测，而是以过去的成绩、经验、教训为依据，对今后工作的发展趋势进行科学预测之后作出的。

2. 可行性

制订计划必须十分重视预想的可行性，即目标可以实现，措施和办法切实可行。一个可实现的目标要兼顾两个方面：一方面要有一定的高度；另一方面经过执行者的努力要能够达到。如果计划在执行中有不可行之处，要及时更改和调整。

3. 具体性

计划对实践具有指导作用，未来的工作将在它的规范下落实。因此，制订计划时要写明完成计划的具体办法、措施、完成的时间，这样才有利于计划的实现。

4. 约束性

计划是组织行动、落实步骤、完成任务的具体依据，一旦成文就要遵照执行。计划虽然不是规范的法律文书，但经过反复协商和讨论确定后，就在相应范围内部具有权威性的约束力，任何集体和个人都必须按照计划的要求开展工作和活动，不允许私自改动或破坏计划。

（三）计划的类型

计划的类型很多，分类方法也不相同，下面举例说明。
（1）按内容分：学习计划、生产计划、教学计划、销售计划。
（2）按范围分：个人计划、部门计划、小组计划、单位计划、国家计划。

（3）按性质分：综合性计划、单向性计划。

（4）按时间分：年度计划、季度计划、月度计划、周计划。

（四）计划的相关文种

计划的相关文种很多，现举例如下。

1. 规划

规划是较全面的、长远的发展计划，是对某个地区、某项事业作出的长远战略部署，它展现了工作的远景目标及实现这些目标的步骤，是计划文体中适用期限最长的文种，如《××城市五年发展规划》。

2. 安排

安排是比较具体的、短期的计划，是对未来某一时间内将要完成的任务提出具体要求的一种计划性文体。安排是计划性文体中适用期限最短的一种文种，如《××学校2019—2020学年期末工作安排》，因为安排的适用时间短，因此对工作、任务的要求及完成时间的说明就更具体明确。

3. 要点

要点是对计划中重点内容的摘要或概述，其内容较为精炼准确、重点突出，有利于适应工作实际需要，进一步细化、充实和修改。

4. 设想

设想是一种初步的、非正式的计划，在写法上往往比较具有概括性、提点性和谋划性。

5. 方案

方案是工作实施方法、步骤和要求的具体化文书。

（五）计划的结构与写法

1. 标题

（1）单位的名称+适用时间+内容+文种，如"××大学××年度工作要点"。

（2）单位的名称+内容+文种，如"××大学工作要点"。

（3）适用的时间+内容+文种，如"××年度工作要点"。

2. 正文

（1）前言。一般用简洁的文字阐明制订计划的指导思想、政策或法律依据，说明为什么能做、依据什么做、能不能做的问题。这一段是计划的纲领，不宜写得冗长，不能过多论述制订计划的意义，应点到为止。

（2）主体。要求具体说明做什么、怎么做、如何完成各项任务，这是计划的核心。可以根据具体需要选择使用"文书类""文章类"或"综合类"结构分级方式进行写作。

① 目标和任务。目标和任务是计划的前提，没有明确的目标和任务，也就没有计划可言。在写明计划的总体目标的同时，还要根据需要写明计划的分解目标和阶段性目标。

② 措施和方法。措施和方法是完成目标和任务的具体保证，这一部分的主要内容包括组织领导、任务分工、物质条件、政策保障等。

③ 步骤和安排。对计划的实施往往有一个完成任务的先后顺序问题，因此，制订计划时要把计划完成的步骤和日程安排出来。步骤和时间的安排要符合实际，具有较强的可行性和约束力。

（3）结尾。
① 写明执行计划应注意的事项。
② 写明需要说明的相关问题。

3. 落款
（1）署名制订计划的单位名称、成文时间。
（2）如为需要上报或下达的文件，还应加盖公章。

二、总结

（一）总结的性质和分类

1. 总结的性质

总结是通过对前一段工作进行全面回顾、分析、评判，肯定成绩，找出不足，得出具有规律性的经验或教训，以便明确方向、把今后工作做得更好的文件。

2. 总结的分类
（1）按范围分：单位总结、地区总结、个人总结、行业总结。
（2）按内容分：工作总结、学习总结、思想总结。
（3）按时间分：季度总结、年度总结、不定期阶段总结。
（4）按性质分：综合性总结、专题性总结。

（二）总结的特点

1. 实践性

总结必须是对自身实践活动的归纳、分析与提炼，对实践活动中的正面经验与反面教训的真实反映。没有实践，总结就无从下笔。

2. 条理性

强调总结的实践性，并不是把实践中的所有事情都简单地罗列起来，堆砌材料，而是在回顾事实的基础上，经过理性地深入分析研究，提炼出条理清晰的经验教训，再从实践中挑选出具有代表性的事件作为条理性结论和观点的佐证。这样的经验教训才会有可信性，才会对今后工作有所借鉴。

3. 真实性

就总结需要进行理性分析研究形成条理这一点来说，总结也是一种创造。但是，这种创造并不是可以随意进行编造的。总结形成的所有结论和观点都必须以事实为根据，决不允许胡编乱造，特别是不能弄虚作假。

（三）总结的结构与写法

1. 标题

（1）完全式。完全式标题由单位名称、时间、内容、文种组成，如"××厂2024年上半年工作总结"。

（2）省略式。省略式标题省略单位名称或时间，如"创先争优活动总结""2024年教学工作总结"。

（3）文章式。文章式标题概括文章主要内容，但不出现"总结"字样，如"走活三步棋，选好一把手"。

（4）主副标题。主标题概括总结内容，副标题标明单位名称、时限、文种等，如《推动教育强国建设行稳致远——5年来我国教育事业改革发展综述》。

2. 正文

（1）前言。前言概括介绍工作的基本情况，包括工作的背景、时间、指导思想或主要成绩。基本情况也指对自身情况的简略介绍，自身情况包括单位名称、工作性质、基本建制、人员数量、主要工作任务等。上述内容不必面面俱到，应根据具体情况有所侧重。

（2）主体。

① 成绩和收获。这部分写工作取得了哪些成绩或有哪些收获，收到了什么效果，需要较多的事实和数据，主要回答"做了什么，做得怎样"的问题。

② 经验和做法。这部分写成绩是如何取得的，有何独特的、有借鉴意义的经验体会，通过对实践过程进行认真的分析，提炼出带有规律性的内容，从感性认识上升到理性认识，主要回答"怎样做的"问题。

③ 问题和教训。这部分写实际工作中做得不足或失败之处，原因是什么，如何改进。

④ 今后打算。这部分针对总结出的问题和不足，写下一步将怎样发扬成绩、改进不足，也可以自然收尾。

（3）落款。落款包括署名和日期，标题中有单位名称的，可以省略署名。

（四）总结的写作要求

1. 求真务实

总结的写作必须客观真实，如实地反映工作过程，不可以只写成绩，不写缺点，也不可以过于夸大成绩。

2. 突出特点

总结要反映本单位、本部门工作活动的特点，抓准具有本部门特色的经验、办法与措施。

3. 详略得当

总结不是堆砌材料，要根据实际情况和目的，重点选用那些显示本单位、本地区特点和带有普遍性的材料并写得详细、具体，略写或舍弃一般性材料。

思考题

1. 计划的内在结构是什么？
2. 如何写好工作计划？
3. 总结写作的注意事项是什么？
4. 如何写好工作总结？
5. 总结和计划的区别是什么？

第四节　调查报告

一、调查报告的性质和作用

（一）调查报告的性质

调查报告是在对某一事件、现象、问题进行调查的基础上，经过分析、研究从而揭示其本质或客观规律的书面报告。就文种的属种关系而言，调查报告属于报告的一种。

（二）调查报告的作用

调查报告可以作为领导决策的依据，可以用来推广新生事物和先进典型，也可以揭露社会问题和事实真相。调查报告在实际工作中使用频率非常高，写作能力被看作从事各项工作的基本能力。

二、调查报告的特点

（一）针对性

1. 明确调查目的

为什么要调查？调查什么？调查是为了揭示问题真相，还是为了总结经验？调查首先要明确目的。

2. 明确读者对象

对象不同，他们的要求和关心问题的侧重点也不同。因此，明确读者对象是写调查报告的前提。要明确调查是以个人名义调查，还是以组织名义调查；是工作单位内部传阅还是为了见诸媒体；等等。

（二）真实性

调查人员通过科学的手段获得确凿的事实、真实的数据、翔实的材料，并将这些调查所获得的真实情况如实体现在报告中。调查报告中所反映的情况、说明的问题及引用的数字都必须准确无误。

（三）主张性

在尊重客观事实的同时，必须将自己的明确观点渗透在调查报告中：提倡什么，反对什么，强调什么。"主张"是在事实基础上的理性认识，这些理性认识渗透在字里行间，引发读者思考。

（四）时效性

调查报告反映的往往是重大情况、突出事件或其他带有普遍意义的问题，内容具有现实需要。因此，应该尽快完成撰写任务，以便及时满足需要。如果不能按时完成任务，调查报告就会失去应有的价值。

三、调查报告的分类

（一）综合性调查报告

综合性调查报告往往是针对某个地区、单位、部门的全面情况进行调查，之后形成报告，目的是在调查中发现问题或形成经验，全面了解和掌握情况。

（二）专题性调查报告

专题性调查报告往往对已经发现的问题或经验进一步加深研究，为解决问题、推广经验、制定政策提供参考。相对综合性调查报告来说，这类调查报告目的明确，涉及范围小，问题也较集中。

四、调查的方法

（一）阅读法

阅读法是指通过阅读与调查课题相关的文献资料，获得相关数据和材料。阅读法的优点是方便，不受时空限制，花费少，效率高；缺点是内容可能会相对陈旧，缺少现实感。

（二）访谈法

访谈法是指通过与访谈对象口头交谈的方式了解社会的实际情况。访谈分为个别访谈和座谈会两种类型。访谈的质量受到访问者的素质与被访问者的合作态度、回答问题的能力的影响。因此，在访问前必须做好充分准备，包括了解访谈对象、熟悉被访问者的情况，熟练运用各种访问技巧。访谈法的优点是访问者通过与领导者、当事人、旁观者的谈话，能深入、广泛地了解情况；缺点是访谈的结果受主客观因素影响较大，花费的人力、物力、时间较多。

（三）问卷法

问卷法是指以书面的形式设置各种问题对公众进行书面的访问，并通过调查表的回收与统计来获得对调查情况的了解。问卷法的优点是可以适用较广的范围，比较省时省力；缺点是调查结果的准确性受到问卷质量的影响，问卷的填写与回收取决于被调查者的主观配合程度。

（四）现场观察法

现场观察法是指通过对事故的现场、工作现场、实验基地等的实地考察来获得真实的第一手资料。现场观察法的优点是直观性和可靠性强，简便灵活；缺点是受时空等条件的限制，调查者还可能会有观察的偏差且带有表面性和偶然性。现场观察法需与其他调查方法结合，才会取得良好的效果。

现场观察法与访谈法的一个重要区别是，现场观察法是在对方不知情的情况下作为第三方旁观，而访谈法是访谈双方的直接互动交流。

（五）大数据法

近年来，随着信息化的飞速发展，大数据技术已经逐渐成为调查研究中不可缺少的重要工具。大数据法是指通过大数据技术可以收集、处理并分析海量数据，从而得出更加准确、可靠的调查结果，可以增强调查研究的时效性，提高调查研究的科学化、规范化水平。

五、调查研究的步骤

（一）调查阶段

调查阶段包括选题、选择调查方法、调查深度追踪三个步骤。

1. 选题

在选题时要针对读者对象选取适合的问题进行调查研究，主要是注意两个问题：一是需要性；二是可行性。

2. 选择调查方法

不同的调查报告有不同的调查方法，选择正确的调查方法能够使调查顺利进行，不但可以省时省力，还可以掌握翔实的所需资料。

3. 调查深度追踪

调查方案和计划不是僵化不可变动的。随着调查研究的展开，往往会遇到许多意想不到的新问题。如果确有必要，可以对已有的调查方案和计划做适当修改，以便对调查研究的问题进行追踪发掘，获得更有价值的材料。

（二）资料整理阶段

调查阶段仅仅是获取材料、占有材料的阶段。调查阶段的主要目的是发现问题，而资料整理阶段需要对初步收集到的资料进行整理、归纳、分析，具体包括资料审核、资料汇总、拟定写作提纲。

1. 资料审核

在调查过程中，我们可能会收集到一些零散的原始资料。审核这些资料，一是需要我们"去伪存真"，把不准确的、虚假的资料剔除出去，把真实的、可靠的资料留下；二是需要我们"去粗取精"，把粗劣的、片面的资料剔除出去，把准确的、精要的资料留下。经过认真筛选、审核后的资料，才是可以使用的资料。

2. 资料汇总

资料汇总就是把经过审核的资料按照问题的性质进行分类，再通过对性质分类的资料进行科学分析，才能比较准确地发现问题，提炼出正确的意见和观点。

3. 拟定写作提纲

经过资料审核和汇总，我们就需要运用已经筛选出来的资料进行认真、反复的研究、分析和思考，形成调查报告的基本思路；确定标题，安排分级结构，拟定各级小标题，写出调查报告的整体框架。

六、调查报告的结构与写法

（一）标题

1. 单行标题

（1）文件式标题。文件式标题包括三要素和二要素两种：①调查机关＋事由＋文种；②事由＋文种。

（2）文章式标题。文章式标题包括问题式标题和内容式标题两种：①问题式标题针对调查的关键点提出问题，引起注意，如《"黄牛"乱象几时休》；②内容式标题直接标明调查的中心内容，如《让中国式现代化入脑入心》。

2. 双行标题

（1）主标题点明调查报告的主旨或揭示调查者对这个问题的看法，如《持续封山育林 助推绿色发展》。

（2）副标题由调查对象和文种组成，如《——关于推进××县生态文明建设的调查报告》。

（二）正文

1. 前言

（1）简介式。交代调查的缘由、目的、时间、地点、调查对象、调查范围、调查方法、调查过程等有关调查活动的基本情况。

（2）概述式。概述调查报告的基本内容，包括对调查对象的评价、调查研究的主要成果、调查研究的主要结论等的概述介绍。

（3）提问式。以问题开篇，发人深省，引起读者兴趣。

（4）评论式。在开头指出主要成绩或主要问题，点明重要性或问题的危害性，以便引起读者注意。

2. 主体

主体是调查报告的核心内容，也是对调查研究结果的具体引证、论述部分。

（1）以观点组织材料。调查报告要以事实为依据，但是调查报告又不同于简单的调查记录，材料要体现作者的观点和认识。因此，在调查后可以对材料进行整理分析，从中梳理出观点，再用观点组织材料。具体行文过程中用小标题标出观点，将调查报告自然分割成几个部分，每一部分用具体的材料说明。采用这种写法的材料和观点能有机结合，理论深度较强。

（2）以材料的性质归类分层。有些材料很难提炼出观点，要想清晰地表达内容，可以按调查的材料性质进行分类，再用叙述符号或小标题分成几点叙述，也可不用序数符号，直接分层叙述。

（3）以调查的过程为顺序。有的调查，特别是围绕一个中心事件进行的调查，要将材料梳理成一个个小观点或按材料性质进行归类，可能会比较难，而按照调查的顺序进行写作，可以让读者循着调查者的视线，观察生活，对事件作出正确的判断。这种写法的现场感强，容易组织材料，写起来相对容易。但是，如果对材料不加剪裁，容易写成"流水账"。因此，应十分重视材料的剪裁，要详略得当。

3. 结尾

结尾可以总结全文，深化主题；可以精辟议论，发人深省；可以提出希望、建议对策；还可以预测未来的发展趋势等。采用什么方法结尾可以根据具体情况而定，如果这些内容在主体中提出过，就可以自然收尾。

（三）落款

正文右下方写作者名称和成文日期。

七、调查报告的写作要求

（一）用事实说话

调查报告应选择典型的、有代表性的、有新颖性的事实，以一当十，充分地说明问题。在调查研究后，对事实材料进行梳理，认真分析，鉴别真伪，把握主动权。

（二）处理好叙述和议论的关系

调查报告是工作和研究相结合的文体，既注重对事实、情况的过程进行叙述，又注重对事实进行分析和评价。作者对调查情况的叙述中，要敢于表明态度，在叙述中穿插议论。叙述和议论相结合，是调查报告鲜明的特点，"叙"是"议"的基础，"议"又是"叙"的升华。

（三）使用第三人称和被动语态

调查报告一般使用第三人称和被动语态，如"调查表明""调查结果显示"等，不能使用"我们认为"这样的口气，也不能用"也许""可能"等模糊性语言。

思考题

1. 调查报告的写作方法有哪些？
2. 调查报告的主体结构是什么？
3. 写好一份调查报告应注意什么？

第五节 规章制度

一、规章制度的性质和特点

（一）规章制度的性质

所谓的规章制度，是指制定、发布并且具有执行权限的主体，在一定范围内约束其组织和成员的规则性文书。我国的立法机关是全国人民代表大会及其常务委员会。就广义的"法"而言，立法机关的范围也相应扩大。如国务院可以制定行政法规，省、自治区、直辖市的人民代表大会及其常务委员会可以制定地方性法规，民族自治地方的人民代表大会可以制定自治地方法规等。属于规则性文书类的规章制度是一个统称，它包括章程、规定、制度、守则、公约等文种。

（二）规章制度的特点

1. 约束性

规章制度虽然不是国家依法制定的法规，但是，根据主体权限制定的规章制度，也在本主体权限范围内具有很强的法规性约束力。如果缺少了这种约束力，也就失去了规章制度的作用。

2. 条款性

尽管各种规章制度的格式因文种而异，但它们有一个共同之处，便是正文结构的分条别项写法，通常以章、条、款、项来标注层次。

3. 时效性

规章制度的内容必须适应形势发展需要，在一定的时间内有用。出现新形势、新情况后，原有的规章制度已经不适应了，就必须经过应有的程序进行补充或修改。

二、规章制度的结构和写法

（一）章程

章程是党政机关、企事业单位、社会团体等为保证其组织活动的正常进行，对该组织的性质、宗旨、任务、组织结构、组织成员及其活动规则所作的规定，并要求全体成员共同遵守的一种规则性文书。章程一般由组织团体制定并经代表大会通过。

章程一般由标题、签署和正文三部分组成。

1. 标题

章程的标题由组织或团体的名称加"章程"二字组成。

2. 签署

标题下方用圆括号注明章程通过的会议全称和通过的具体日期。

3. 正文

章程的正文由性质、宗旨、任务、成员条件及权利、义务、组织机构等内容组成。内容丰富的章程的正文结构通常采用分章式写法，全文分为若干章，章下设条，条下分款，款下立项。

第一章一般为"总则"，简要说明制定章程的目的、要求、原则和实施范围或说明该党派、组织团体的性质、宗旨、任务和组织原则等。以下各章为"分则"，分章列条细写主要内容（任务、成员条件、权利和义务、活动方式、组织纪律等）。

每章用小标题体现主要内容。章下各条的顺序序号不单排，而按整篇章程的顺序统一来排。最后一章一般为"附则"，说明章程的制定权、修订权或解释权，以及章程的适用对象和生效日期等。内容简单的章程直接分条撰写，如第一条是性质；第二条是宗旨；第三条是要求；第四条是组织结构及职责；第五条是注册；第六条是办事处的设置及各自的职责。

（二）规定

规定是党政机关、企事业单位、社会团体针对某项具体工作或专门问题提出具体要求和规范的文书。它的使用频率是规章制度中较高的一种，各行业、各部门、各单位都可根据需要制定规定。从规定所规范的对象、范围来看，它比章程更广泛、更集中、针对性更强，措施和要求比较具体、明确。规定一般由标题、正文和落款组成。

1. 标题

标题有两种组成方法：一种是三要素组成方法，如发文机关＋事由＋文种；另一种是二要素组成方法，如事由＋文种。

2. 正文

内容简单的规定开头一般写制定规定的目的、依据、意义及规定的适用范围和主管部门等，然后用"特作如下规定"过渡；主体分条列项介绍规定的具体事项和内容；结尾可以采取自然结尾的形式。

3. 落款

一般由单位制发、发文事由简单具体、施行范围不大的一般性规定，在正文右下方落款处写明单位的名称和成文时间。制发机关级别高、内容重大、施行范围较广的规定，一般在标题的正下方用圆括号标明该规定通过的时间、会议，或通过的会议、时间及发布的机关、时间，或批准的机关、时间及发布的机关、时间。

（三）制度

制度是党政机关、企事业单位、社会团体要求有关人员应当遵守的办事规程或行动准则的规范性文书，如《办公室人员考勤制度》《差旅费报销制度》。

制度一般规定有关人员应当做什么，不应当做什么。制度一经制定颁布，就对某一岗位上的或从事某一工作的人员有约束作用，是他们行动的准则和依据。

制度的发布形式比较多样，除作为文件发布之外，还可以张贴和悬挂在某一岗位和某项工作的现场，随时提醒人们遵守，同时便于大家互相监督。

制度的结构一般由标题、正文和落款组成。

1. 标题

标题有两种结构形式：一种由"适用事项+文种"组成，如《因公出差报销制度》；另一种由"适用范围+事项+文种"组成，如《党政干部离退休制度》。

2. 正文

内容繁杂的制度一般采用分章分条款的结构布局，类似条例的结构；内容简单的制度开头先要简要介绍制定制度的目的、依据等，主体用数字标注出各层次，结尾一般自然结束。

3. 落款

正文之后落款处写明发文单位与发文时间。

（四）守则

守则是党政机关、企事业单位、社会团体为维护公共利益和工作秩序，根据本单位、本系统的实际情况，对相关范围的人员或所属成员公布应自觉遵守的道德规范和行为准则，或对某一活动作出具体要求和规定的文书。

守则规范的对象较单一，内容也较简单，多在内部范围内行文，如《中学生守则》《职工守则》。守则通行于某一系统或某一单位内部，其成员必须共同遵守。

守则内容的详细程度视试用范围而定。如果涉及面广，守则的内容会比较笼统，如《高等学校学生守则》；如果涉及具体的工作事务，内容可以详细些，如《值班人员守则》《考试巡视员守则》。

守则的结构一般由标题、正文和签署组成。

1. 标题

标题由守则的适用对象与文种组成，如《中学生守则》。

2. 正文

守则正文一般不设开头或结尾,直接以序码标明条项,一一列清守则内容。

3. 签署

守则签署可用圆括号标注于标题下方,或置于正文的右下方。

(五)公约

公约是由机关、团体、单位、人民群众为维护共同利益而约定共同遵守一些事项的规范性文书,如《文明市民公约》。公约的产生一般是根据集体的意见和建议拟成草稿,再进行讨论,最后经适当的形式通过而发布的。公约主要靠有关人员自觉遵守。公约的内容较简单,篇幅也较短小,结构与守则相似。

三、规章制度的写作要求

(一)注意规章制度的权威性

规章制度是机关单位实施和规范管理的必要手段。为保证规章制度的权威性,一经形成,就必须不折不扣地遵守执行,做到规章制度面前人人平等,发现不执行或变通执行的现象,就要坚决及时纠正。

(二)条文内容必须具有可行性

规章制度最终是要付诸实施的,因而内容是否具有可行性十分重要。条文内容必须与党和国家的法规及其有关方针、政策相吻合,不得与之相抵触,保证做到条文内容的合法性和合理性的统一。

(三)讲求体式结构的规范性和完整性

规章制度是一种统称,它包含很多文种,每一种文种的适用范围、结构安排、约束力等都有一定的区别,使用时应把握其不同的文种特点,准确地选择文种。

(四)语言要准确简明

规章制度的语言应当严密、准确,语气要严肃、肯定,不能模棱两可、含糊其辞。行文过程中采取条文式,也能避免不必要的过渡与衔接,言简意赅,令人一目了然。

思考题

1. 规章制度的特点是什么?
2. 起草规章制度需要注意什么?
3. 公约和制度的根本区别是什么?

第六节　消息与通讯

一、消息

（一）消息的性质

消息是以简单明了的文字迅速、及时地报道最新事实的新闻宣传文体，也是最常见、最经常采用的新闻体裁。

（二）消息的特点

1. 及时性

消息反映现实的速度比其他各种文体都要快，时效性强是消息的突出特点。它必须迅速、及时地把最新的事实报告给读者，延误了的信息就失去了新闻价值。

2. 真实性

真实性是消息最基本的特征。消息必须完全真实地反映客观事实，把确凿的事实传达给读者，绝不允许虚构和添枝加叶。

3. 准确性

构成消息要素的时间、地点、人物、事件和结果，以及消息所引用的背景材料、数字等，都必须完全准确、可靠。

（三）消息的结构

1. 标题

标题是点睛之笔，消息的标题必须简明、新颖、醒目、准确地概括消息内容，消息标题有主题（正题）、引题（眉题）、副题（次题）三种。

2. 消息头

消息头是消息的标志，表明了消息的来源，其开头部分往往冠以"本报讯"或"××社××地×月×日电"的字样。

3. 导语

导语是指一篇消息的第一自然段或第一句话。用最简明的语言把消息的基本的、核心的内容告诉读者。导语要求简洁、扼要、概括性强。

从报道的文字表达方式上对导语进行分类，主要有概述式、描述式、评述式、提问式等类型，最常用的是概述式导语。概述式导语就是把新闻的内容用概括的方式或者直接叙述的方式写成的导语。

注意：概括式的语言是对新闻的核心事实进行概括，不是对新闻进行概括性的评价，更不是概括表述你对新闻的观点，要注意保持新闻的客观性。

4. 主体

主体是消息的主干部分，要毫不矫揉造作，清晰无误地把事情说清楚；内容要足，信息量要大；应按"时间顺序"或"逻辑顺序"写作。

（1）倒金字塔结构。在诸多新闻报道结构中，尤其以倒金字塔结构最为经典，也最为常见。这种结构的核心要求是用概括型导语描述出核心新闻事实，然后在新闻主体部分按照"重要性递减"的原则，先重后轻地依次对导语的各种新闻要素进行具体说明。这种结构往往用于突发性新闻、重要事件新闻的写作。

（2）沙漏型结构。这种主体结构类型是按照新闻发生的时间进展展开新闻内容，也被称为"纵向结构"。这种结构形式与金字塔结构比较近似。

5. 背景

新闻背景又称为"事实背景"。背景分为四种：人物背景、地理背景、历史背景和事物背景。写消息背景的目的在于帮助受众深刻理解新闻的内容和价值，起到衬托、深化主题的作用。

6. 结尾

结尾对消息来说不是很重要，事实写完，文章就结束了。消息的结尾有小结式、启发式、号召式、分析式、展望式等。

（四）消息写作中常见的问题

（1）消息写作的结构问题（忌记流水账）。
（2）新闻价值提炼不够。
（3）新闻要素缺失，漏写消息头、没有背景交代、没有信息来源交代等。
（4）对新闻的价值判断有误。
（5）文章艰深晦涩、堆砌专业词语。

二、通讯

（一）通讯的性质

通讯是综合运用叙述、描写、抒情、议论等多种表达方式，具体、生动、形象地反映新闻事件或典型人物的一种新闻报道形式。它在文体上属于记叙文，广泛用于报纸、电台、通讯社。

（二）通讯的特点

（1）严格的真实性。
（2）报道的客观性。
（3）较强的时间性。
（4）描写的形象性。

（三）通讯的结构

1. 标题

通讯的标题与一般记叙文的标题相似，它既可以直接描述新闻事实，也可曲笔达意。在写法上，通讯的标题多种多样，可实可虚，可直可曲，可长可短，没有定法，作者可以充分发挥自己的创造性。在形式上，通讯必须有一个正标题，有时也可以用破折号引出一个副标题来，副标题往往采用实述的写法，主要是交代报道的对象和新闻的来源。

（1）直述新闻事实。这样的写法平实直白，符合"最高的技巧是无技巧"的说法，写好了有"大巧若拙"的大家风度。例如，"传承红色基因 激发奋斗力量"。

（2）提出问题，引人思考。以一个问题作标题，这个问题如果恰好也是让读者感到困惑的社会问题，就很容易引起人们的关注和思索。例如，"急诊，你为什么急不起来""'双减'后博物馆如何释放潜能"。

（3）设置悬念。在标题中制造悬念，更能引起读者的强烈关注。例如，"钱被风刮跑以后"。

（4）运用修辞。在标题中适当运用比喻、双关等修辞手法，可以增加语言的文学性，使文字更生动优美，形象更鲜活动人。例如，"助力科学的种子萌芽"。

（5）巧用口语。直接引用新闻当事人的口语做标题，也是一种活泼新颖的写法。例如，"人到难处，要帮一把"。

2. 开头

通讯的开头同标题一样，也是多种多样、不拘一格的。通讯的开头有直起式和侧起式两大类型。直起式包括开宗明义、直述其事其人、直接抒发感情或者直接发表见解等。侧起式则利用铺垫引入的方法，远远说起，娓娓道来，到适当的时候才进入正题，如先讲故事、传说，先引诗词、谚语、名人名言等。

（1）开端进入情节。在一些事件通讯和人物通讯中，往往在开端就叙述事件。在文章开端位置既可以叙述整个事件的开端，也可以采用倒叙的方式，叙述事件的结局或某一个精彩段落。这样写可以强化通讯的故事性，用生动的情节吸引读者。

（2）起笔刻画人物。开篇直接展开对人物形象的刻画，在人物通讯中非常常见。先让笔下的人物给读者一个清晰的印象，有利于下文的展开。

（3）场景描写在先。人物、情节、环境是记叙文的基本三要素。通讯当然也可以从环境着手切入，然后描写事件和人物。在风貌通讯和工作通讯中，在文章开头先作一番场面描写或风光描写的不在少数。

（4）先作抒情议论。开篇先作一番抒情或议论，给读者以情绪的感染或理性的启迪，为下文叙述的新闻事实定好一个基调。

3. 正文

（1）交代事情发生的六要素（时间、地点、人物、事情的起因、经过、结果），筛选两到三件最能反映事物本质、最具典型意义和最有吸引力的材料，注意详略得当，切忌记流水账。

（2）运用细节描写突出表现人物或事情的闪光点。

（3）综合运用记叙、描写、抒情、议论等多种表达方式。

（4）综合运用对比、衬托、虚实等多种表现手法。

4. 结尾

（1）挖掘人物的精神品质，点明该人物对个人及团体的影响或由此引起的反思。

（2）挖掘事情的内涵，说明事件对个人及活动小组的指导及教育意义。

（3）客观说明事件或人物在社会上引起的反响及产生的影响。

（4）总结由此得到的经验及教训，对未来的工作提出进一步的要求。

（5）以某位采访人物精辟或有意义的话作为结尾，引起读者的反思。

（四）消息与通讯的区别

1. 从篇幅的长短上区别

这是从形式上和一般意义上来看的。消息一般用简明扼要的文字概括地报道事实，篇幅相对较短；而通讯则要求较为具体、详尽、细致地展示人物或事件的面貌，相对来说篇幅较长。

2. 从反映的内容上区别

消息以报道事件为主；通讯以写人为主，即使是写事件的通讯，也不能离开人孤立地写事件，因为人总是事件中最活跃的因素。

3. 从时间要求上区别

消息的时间性极强；通讯则没有那么严格。

4. 从写作方法上区别

消息一般以叙述为主；通讯则以叙述和描写为主，特别是描写用得很多，并穿插议论、抒情等写作方法。

5. 从思维方法上区别

消息以逻辑思维为主，形象思维为辅；通讯则以形象思维为主，逻辑思维为辅。

6. 从文章结构上区别

消息的程式性强（标题、导语、主体、结尾）；通讯的创造性强。

思考题

1. 消息写作中常见的问题是什么？
2. 通讯的特点是什么？
3. 消息与通讯的主要区别是什么？

第二章 政务文书

政务文书即指机关公文，有狭义和广义之分。狭义的政务文书是指行政机关的公文，它是行政机关在行政管理过程中形成的具有法定效力和规范体式的文书，是依法行政和进行公务活动的重要工具。广义的政务文书泛指党政机关、社会团体和企事业单位等用于处理公务并且具有一定惯用体例和格式的文字材料。

《党政机关公文处理工作条例》（以下简称《条例》）规定的政务文书有 15 种：决议、命令（令）、决定、公报、公告、通告、通知、通报、议案、报告、请示、批复、意见、函和纪要。本章仅就具有代表性的几种公文写作方法进行介绍。

按行文方向，政务文书可以分为上行文、下行文、平行文、泛行文。上行文是指具有隶属关系的下级机关呈报给上级机关的公文，如请示、报告；下行文是指具有隶属关系的上级机关发给下级机关的公文，如通知、批复；平行文是指同系统内的平级机关或不相隶属的机关之间来往的公文，如函；泛行文是指可以同时上行、下行、平行，并且可以向社会公布的公文，如公告、通告等。

第一节　公告与通告

一、公告

（一）公告的性质和作用

公告是"适用于向国内外宣布重要事项或者法定事项"的公用文书，通常是国家权力机关、行政机关向国内外宣布某些重大事项时才使用的，一般单位不宜用公告行文。新华社、司法机关，以及一些政府机关有时可根据授权使用公告。公告按行文方向属于泛行文。

（二）公告的类型

1. 重要事项公告

凡是用来宣布有关国家的政治、经济、军事、科技、教育、人事、外交等方面需要告知全民的重要事项的，都属重要事项公告。常见的有国家重要领导岗位的变动，领导人的出访或者其他重大活动，重要科技成果的公布，重要军事行动等。如全国人大常务委员会关于确认全国人大代表资格的公告，新华社授权宣布我国将进行向太平洋发射运载火箭试验的公告，都属此类公告。

2. 法定事项公告

依照有关法律和法规的规定，一些重要事情和主要环节必须以公告的方式向全民公布。《中华人民共和国民事诉讼法》规定发布的公告种类繁多，有通知权利人登记公告、送达公告、升庭公告、宣告失踪、宣告死亡公告、财产认领公告、强制迁出房屋、强制退出土地公告等。

（三）公告的特点

1. 发布机关有资格限制

由于公告有向国内外发布的功能，所以，发布机关多为较高级别的国家行政机关或权力机关。例如，全国人民代表大会、国务院，各省、市人民政府及人大等，也可由法定的有关职能部门来制发。不够级别的单位需得到授权才能发布公告。

2. 发布范围广泛

一般公文只向国内一定范围发布，公告则是向国内外发布，经常是授权新华社向全世界发布。

3. 发布内容重要

公告发布的内容必须是重要事项或法定事项。重要事项是指事关全局或在国内外能产生重大影响的事项。例如，公布宪法、公布全国人大代表人数、公布新当选的国家领导人等，都可用公告行文。法定事项是指按法律程序批准确定的重大事项。例如，全国人民代表大会审议通过某项法规，需向社会发出公告。要注意，不能事无大小都使用公告。

4. 发布公告时效率要求比较高

公告一般通过广播、电视、报纸和通讯社等宣传工具迅速及时地向公众发布。

（四）公告的结构

公告是一种很严肃、庄重的公文，一般来说，公告的内容比较单一，篇幅不长，多用条款形式。

公告的语言风格简洁明快，朴实无华，通俗晓畅，郑重严肃。有时需要扼要交代公告事件的根据和原因，但也无须阐述事件的意义和具体描写事件的情节。

公告一般由标题、正文、署名与日期三部分组成。

1. 标题

标题有以下三种写法。

（1）完全式，发文机关＋事由＋文种。

（2）省略式，发文机关＋文种，如"中华人民共和国财政部公告"。

（3）只标出文种。有的公告在标题下方有编号，一般的写法是"第 × 号"，并用圆括号括住。

2. 正文

公告的正文一般由公告背景、缘由、事项和结语"现予公告"或"特此公告"等部分组成。也有的公告省略了背景和缘由，开门见山，直接写出公告事项。公告事项的表达方式要根据内容多少来确定，如果内容较多，要分列条款；如果内容较少，则可不分列条款。

3. 署名与日期

在正文的右下方署上发文机关的名称和日期。如果标题已写上了发文机关的名称，在报纸上登载时则常省略落款。也有的公告，成文日期写在署名下方或标题和编号之下。

二、通告

（一）通告的性质和作用

通告与公告一样，也是泛行文。根据《条例》规定，通告"适用于在一定范围内公布应当遵守或者周知的事项"。

（二）通告的类型

按作用的不同，通告可分为事项性通告和法规性通告两种。

1. 事项性通告

事项性通告是国家机关、社会团体或企事业单位为使某项涉及群众的事项迅速得以周知而发布的公文，包括告知性通告、限期办理性通告和就某一事项发布指示、政策的通告。

2. 法规性通告

法规性通告是国家的各级权力机关、人民政府和人民法院、人民检察院等机关以通告的形式直接发布的具有普遍约束力的法律、法规文件，要求所辖地域的人们必须认真执行，不得违背。

(三)通告的特点

1. 广泛的发文机关

通告的内容是一般事项,所以发文单位比较广泛,党政机关、企事业单位、人民团体都可发布通告。相比之下,通告的发文机关要比公告广泛得多。

2. 有限制的行文对象

与公告相比,通告的告知范围就小得多,为社会各有关方面。但是,与其他文种相比,它要告知的对象又相对广泛。因此,通告没有主送机关。

3. 内容具体,业务性强

通告内容的重要程度一般比不上公告,而且多是业务工作方面的。因此,通告的使用频率要比公告高得多。

4. 独特的发布方式

通常情况下,公告是用文本形式印发的,而通告还可用登报、广播的形式发布。

(四)通告的结构

通告是泛行文,是对公众发布的,所以一般不用写抬头。通告和公告一样,也由标题、正文、署名与日期三部分组成。

1. 标题

通告标题的写法有以下两种。

(1)完全式,发文机关+事由+文种,如"××大学关于实行夏季统一作息时间的通告"。

(2)省略式,可以由发文机关+文种构成,如"××信用社通告"等;也可以由事由+文种构成,如"关于税收大检查通告"等;还可以只写文种。

2. 正文

通告的正文包括缘由、事项、结尾三部分。

(1)缘由也就是根据通告发布的背景,说明发布通告的原因。

(2)事项即通告的具体事项或规定。内容比较简单、单一的,可不分条列项;内容比较复杂、繁多,则应分条列项,便于理解。

(3)结尾一般为"特此通告"之类的用语,以示强调,提起注意。有些通告不用结语,干净利落。

3. 署名与日期

如果标题已有发文机关,并在标题下署上了日期,则可不用落款。如果标题没有发文机关,也没有日期,则落款处必须署上发文机关名称和日期。

思考题

1. 公告写作的基本结构是什么？
2. 通告的特点是什么？
3. 通告的写作要求是什么？
4. 公告与通告的区别是什么？

第二节　通报与通知

一、通报

（一）通报的性质和作用

1. 通报的性质

通报是国家机关、社会团体、企事业单位用于表彰先进、批评错误、传达重要情况的公文。

2. 通报的作用

（1）具有嘉奖和告诫的作用，借以达到奖励先进、批评错误、弘扬正气的目的。

（2）具有交流作用，能够促进上下级之间、有关部门之间的相互了解。

（二）通报的类型

1. 表彰性通报

表彰性通报用于在一定范围内表彰好人好事。

2. 批评性通报

批评性通报用于在一定范围内批评错误，纠正不良倾向。

3. 情况通报

情况通报多用于向有关方面知照应该掌握和了解的信息、动态，以供工作参考。

表彰性通报和批评性通报都是下行文，制发单位没有级别限制。情况通报多属于下行文，也兼作平行文。

（三）通报的特点

1. 内容的真实性

通报涉及所表彰先进的事迹和批评的错误的事实，真实是通报的第一要义。通报的任何内容、事实都必须准确无误，不能有差错，更不能编造。对正反两方面的事实都要核实，不能有任何水分。

2. 目的的明确性

表彰性通报对被表彰者是一种鼓舞和激励，对其单位和个人都具有教育和鼓励的作用。批评性通报的目的是让被批评者认识错误，吸取教训，引以为戒。交流情况的通报可以让人们了解应知事物的相关情况。

（四）通报的结构和写法

1. 标题

通报的标题由发文机关、事由、文种三个要素组成，有时可省略发文机关和事由，只写"通报"二字。但比较重要的通报不能省略发文机关和事由。通报的签署和时间也可在标题下方，这样则不用落款；通报也可以有抬头、落款，时间则可以写在发文机关下面。

2. 正文

通报的正文根据不同的类型，写法有所不同。

（1）表彰性通报。首先叙述先进事迹，包括时间、地点、人物、怎么做、结果；其次对该事件进行分析、评议，指出其典型意义，概括其主要经验，语言要简明明了；最后提出表彰或发出号召。

（2）批评性通报。首先开头应写清通报缘由，将错误事实主要情况交代清楚；其次对事故进行分析、评议，重点分析事故发生的原因、性质和危害，并提出处分决定；最后写明杜绝此类事故的措施，提出告诫，或重申这一方面的纪律。

（3）情况通报。情况通报的正文，关键在于对情况的掌握要确实、全面、充分。它的正文一般包括叙述情况、分析情况、阐明意义、提出指导性意见。

二、通知

（一）通知的性质和作用

通知是下行文，"适用于批转下级机关的公文，转发上级机关和不相隶属机关的公文，发布文件；传达要求下级机关办理和需要有关单位周知或者执行的事项；任免人员"。

（二）通知的类型

根据内容与作用，通知可分为以下几种类型。

1. 指示性通知

一些行政法规和规章、办法、措施等，不宜用命令行文，可使用这类的通知行文。

指示性通知具有强制性、指挥性和决策性的特点。

2. 批示性通知

批示性通知用于发布某些行政法规，转发上级、同级或不相隶属机关的公文及批转下级机关的公文。这类通知包括批转性通知和转发性通知两种：批转性通知用于上级机关对下级部门的文件加批语下发，需在标题中注明"批转"字样；转发性通知是"转发"有关文件的通知，同样在标题中要注明"转发"字样。

3. 事项性通知

事项性通知也叫工作通知，要求下级机关办理某些事项，除交代任务外，通常还应该提出工作要求，让受文单位贯彻执行。这种通知具有较强的行政约束力。

4. 知照性通知

知照性通知用于告知某一事项或某些信息，诸如庆祝节日、成立、调整、合并、撤销机构、人事任免等。

5. 会议通知

会议通知用于告知有关单位或个人参加会议。

（三）通知的特点

1. 适用范围具有广泛性

通知不受发文机关级别高低的限制；对通知的行文路线限制不严，主要是上级机关对下级机关、组织对所属成员的下行文，但平行机关之间、不相隶属的机关之间有时也可以用通知知照有关事项；其写作灵活自由，使用方便。

2. 文种功能多具有指导性

上级机关和组织向下级机关、组织用通知行文，都明显体现出指导性。特别是部署和布置工作、批转和转发文件等，都需要阐明某些问题的原则和方法，说明需要做什么、怎么做、达到什么要求等。

3. 明显的时效性

通知的事项一般是要求立即办理、执行或知晓的，不能拖延。有的会议通知只在指定的一段时间内有效。

（四）通知的结构和写法

1. 标题

（1）完全式标题，由发文机关、事由和文种组成。

（2）省略式标题：①省略发文机关，如"关于县级市经济管理权限的通知"，如果是两个以上单位联合行文，则不能省略发文机关；②省略发文机关和事由，如果通知发文范围小、内容简单，这样的通知标题可以省略发义机关和事由，只写"通知"二字。

2. 正文

通知的正文由缘由、事项、要求三部分组成。下面分别介绍几种通知的正文写法。

（1）指示性通知。一般先写发文的缘由、背景、依据；在事项部分，或写发布的行政法规、规章制度、办法、措施等，或写带有强制性、指挥性、决策性的原则、具体工作要求等。

（2）批示性通知（包括批转性通知和转发性通知）。批转性通知和转发性通知的正文写法大体相同。可以把这两种通知称为"批语"，把被批转、转发的文件看作通知的主要内容。批语内容主要包括三个方面：一是说明批转的目的或陈述转发的理由；二是对受文单位提出贯彻执行的具体要求；三是根据具体情况作出补充性规定。

用通知批转或转发下级机关、不相隶属机关或上级机关的公文时，对被批转和转发的文件起到一定的认可作用。从构成上看，这种通知由批语部分和批转或转发文件组成，批语和被批转或转发文件都不能单独作为一份文件。

如果批语脱离被批转或转发的文件，就没有实际依托内容，不能单独行文；如果被批转或转发文件脱离批语则不能纳入通知的内容，不能体现发文单位的意图，没有批语所给予的权威性和合法地位。

（3）事项性通知。

① 开头。说明发布通知的目的是什么。

② 主体。这类通知也被称为工作通知。将通知的具体内容分项列出，把布置的工作或需周知的事项阐述清楚，并讲清要求、措施、办法等。这类通知多用于布置工作。

③ 结尾。提出贯彻执行要求，如"请遵照执行""请认真贯彻执行""请研究贯彻"等习惯用语，也可不写。

（4）知照性通知。应写清行文的依据、目的和事项，要求文字简洁明了。

（5）会议通知。通过文件传递渠道发出的会议通知，一般写明召开会议的目的、名称、会议主题、到会人员、会议的报到时间、地点、需要的材料等。会议通知要求通知内容周密、语言清楚、表达准确，不能产生歧义，通常采用条文式写法。

（五）通知与通报的区别

1. 内容不同

通知往往用于发布行政法规和规章，批转和转发公文，传达需要和周知的事项；通报则更多用于表扬先进，批评错误，传达、交流重要情况和信息。通知与通报虽然都有告知的作用，但通知告知的主要是工作情况，以及共同遵守执行的事项；通报则是告知正反面典型，或有关的重要精神或情况。

2. 目的不同

通知的目的是告知事项，布置工作，部署行动，内容具体，要求受文机关了解要办什么事，该怎样办理，不能怎么办，有严格的约束力，要求遵照执行；通报的目的是交流了解情况，或通过正反方面的典型事例教育人们，宣传先进的思想和事迹，提高人们的认识。

3. 表达方法不同

通知的表达方法主要是叙述，告知人们做什么、怎样做，叙述具体，语言平实；通报的表达方法则兼用叙述、说明、分析和议论。

思考题

1. 通报和通知的区别是什么？
2. 通报的写作要求有哪些？
3. 通知的类型有几种？

第三节 请示与报告

一、请示

（一）请示的性质和作用

1. 请示的性质

请示是上行文，《条例》规定，请示是"适用于向上级机关请求指示，批准"的文件。

2. 请示的作用

（1）下级机关对上级有关方针、政策、指示或法规、规章不够明确或有不同理解，需要上级机关作出明确解释和答复。

（2）下级机关从本地区本单位的实际情况出发，需要对上级的某项政策、规定作出变通处理，需要上级审定、明确作答。

（3）下级机关在工作中出现某些新情况、新问题需要处理但无章可循、无法可依，需要上级机关作出明确指示。或者需要请求上级机关解决本地区、本单位的某一具体问题和实际困难。

（4）按上级机关和主管部门有关政策规定，有些问题无权自行处理，必须请示有关部门批准。或者工作中出现了一些涉及面广而本部门无法独立解决的困难和问题，需要请示上级领导或综合部门，寻求他们的协调和帮助。

值得注意的是，凡自己职权范围内的工作，经过努力能处理和解决的问题、困难，都应尽力自行解决，不要动辄请示，把矛盾上交。

（二）请示的类型

1. 请求指示的请示

请求指示的请示多涉及政策上、认识上的问题。

2. 请求批准的请示

请求批准的请示多涉及人事、财物、机构等方面的具体问题。

（三）请示的特点

1. 请求性

请求上级机关指示和批准。

2. 求复性

要求上级对请求的问题作出明确批复。

3. 超前性

请示必须在事前行文，等上级机关作了批复之后才能付诸实施。

4. 单一性

请示要求一文一事。注意，这里的一文一事是指一类事，而不是仅指一件事。

（四）请示的结构和写法

请示包括标题、主送机关、正文和落款几部分。这里只介绍标题和正文的写法。

1. 标题

请示的标题通常由发文机关、事由和文种构成。发文机关有时可以省略，如"关于将××风景区列为国家重点名胜风景区的请示"。

2. 正文

正文包括请示缘由、请示事项、请示要求三部分。

（1）请示缘由。请示的缘由，实际上就是请示事项和要求的理由、背景及依据，要写在正文的开头。先把缘由讲清楚，然后再写事项和要求，这样才能顺理成章，有说服力。如果缘由比较复杂，必须讲清情况，不能为简要而简单化，应该举出必要的事实、数据，做到实事求是，具体而明白。

（2）请示事项。请示事项是指请求上级机关批准、帮助、解答的具体事项。请示的事项不仅要符合国家法律、法规，而且必须契合实际，具有可行性和可操作性。因此，事项要写得具体、明白，并作出具体的分析。如果请示的事项内容比较复杂，则要分清主次，分条列举。

请示事项不能出现不明确、不具体的情况，也不能把缘由、事项混在一起写，否则，容易使上级不明白下级要求解决什么问题。

（3）请示要求。为了使请示的事项得到答复，发文机关一定要提出要求。请示的要求常用的写法有"以上请示，请批复""以上意见当否，请指示""以上请示，请审批"等。虽然是很简单的一句话，但却是请示必不可少的内容。

（五）请示的写作要求

1. 一文一事

一份请示只能写一件事，如果一文多事，很可能导致受文机关无法批复。但是，要注意这里的"一件事"是指同一性质的事，如果同一机关可以批复的、性质相同的几件事也可写在一份请示中。

2. 单头请示

一份请示只送一个上级领导机关，不能同时呈送两个或两个以上机关。如有需要，对有关的单位可用抄送的形式。这样可以避免出现推诿、扯皮的现象。受双重领导的机关向上级机关请示工作时，要根据请示内容的性质，主送一个上级领导机关，抄送另一个上级领导机关。

3. 不越级请示

请示与其他公文一样，遵循不越级请示的原则，如果发生特殊情况或紧急状况必须越级请示时，要同时抄送越级的机关。请示不直接送领导个人，除非是领导直接交办的事项。

4. 不得抄送下级机关

请示是上行文，不得同时抄送下级机关，更不能要求下级机关执行上级机关未批准的事项。

二、报告

（一）报告的性质和作用

报告是上行文。《条例》规定，报告"适用于向上级机关汇报工作，反映情况，答复上级机关的询问"。

（二）报告的类型

1. 工作报告

工作报告是指汇报工作的报告。例如，下级机关向上级机关汇报某一阶段工作的进展、成绩、经验、存在的问题及打算，汇报上级交办事项的结果，汇报对某一指示传达贯彻的情况等。

2. 情况报告

情况报告是指向上级机关反映情况的报告。例如，及时汇报本地区、本单位发生的重大事件，在一定范围内带有倾向性的情况，包括会议的情况等。

3. 建议报告

建议报告是指汇报或提出工作建议、措施的报告。下级机关或主管部门向上级领导机关提出工作意见，或贯彻某项文件、指示的意见，或解决问题的措施、工作方案等。有的建议报告一般只要求上级机关认可，这类建议报告称为呈报性建议报告；有的建议报告要求上级机关批准转发给下级机关执行，这类建议报告称为呈转性建议报告。呈转性建议报告的特点是政策性强。工作意见或解决问题的办法措施，一旦经上级批准转发，就变成了上级机关的意志，体现了上级机关的意图，能领导和指导下级的工作。起草报告的机关要从全局出发，才能把报告写好，以求获得上级机关批转，发挥公文的效用。

4. 答复报告

答复报告是指答复上级询问事项的报告。例如，上级领导对群众来信来访中反映的问题或文件材料中反映的问题，批示下级机关查办，或询问有关情况，下级机关办理完毕，需用书面形式答复上级机关，此时使用的公文就是答复报告。

5. 报送报告

报送报告是指向上级机关报送物件或有关材料的报告。

（三）报告的特点

1. 内容的实践性

工作报告是对本单位所做过的工作的回顾和总结，只有做过的工作才能写进报告，停留在计划或其他设想规划里的材料不能作为报告内容。

2. 表述的概括性

叙述和说明是报告的主要表达方式，但报告的叙述和说明是概括性的，要求粗线条勾勒，不详述过程，更不要求写出大量的细节。

3. 选材的灵活性

报告选材的自由度很大，发文单位有权选择报告的内容。了解这个特点，发文单位可以根据实际情况挑选最有特色、最有价值、最有新意的材料来写。当然，答复报告必须按上级的要求实事求是地写。

（四）报告的结构和写法

报告的结构通常包括标题、正文、落款三部分。

1. 标题

报告的标题可根据需要使用完全式,即发文机关、事由和文种齐全的标题;也可用省略式,可省略发文机关,但事由和文种不能省略。

2. 正文

不同类型的报告,正文写作要求各不相同。报告的正文一般包括缘由、事项和结尾三部分。

(1)工作报告。正文内容一般包括基本情况、主要成绩、经验体会、存在问题、基本教训、今后意见等部分。这类报告篇幅较其他类型报告长,应恰当安排其层次结构,可标出序数分条分项陈述,也可列小标题分部分或分问题写。

(2)情况报告。情况报告常用于向上级汇报下列事项:严重的灾害、事故、案情、敌情;重要的社情、民情,如社会生活中的新动态和上级某项有关国计民生的新政策、新规定的贯彻执行情况及群众的反映等;督促办理或检查某项工作的情况,如财务、税收、物价、质量、安全、卫生等项工作的检查结果;举办重大活动、召开重要会议的基本情况,各级各类代表会议的选举结果等;其他重要的、特殊的、突出的新情况。

情况报告的写法并不统一,但都力求做到:内容集中、单一,突出重点,抓住事物本质规律,实事求是地反映情况;把情况和问题讲清楚,把事情的经过、原委、结果、性质写明白;提出处理意见和建议,要写得具体、明确、简要,尤其要注意提出意见、建议的角度,不能在报告中夹带请示事项;写作要及时,以便让上级机关和有关领导尽快了解重大、特殊、突发的种种新情况。

(3)建议报告。建议报告的内容一般比较集中,它的正文可分为情况分析和意见措施两个部分。情况分析或者介绍情况、分析问题;或者肯定成绩指出不足,总结经验教训;或者说明提出意见、建议的目的、原因和依据。这部分一般写得比较简明扼要,其后常以"特提出如下意见(或建议)""拟采取如下措施"等领起下文。

意见措施部分大多采用条文式的写法,力求做到脉络清楚、逻辑严谨、层次分明。

有些建议报告需上级机关批转;有些则只对上级机关的某项工作、某一征求意见提出看法、建议,不需要上级表态或批转。

(4)答复报告。答复报告的内容要体现出上级所提问题的针对性,有问必答,以示负责;表述要明确、具体;语言要准确、得体,不可含糊其词、模棱两可。答复报告的正文包括答复依据和答复事项两部分内容:答复依据是指上级要求回答的问题,力求简洁;答复事项是指针对所提问题答复的意见或处理结果,力求周全,但应避免节外生枝,答非所问。

(5)报送报告。这类报告的正文极为简单,把报送物件、材料的名称、数量说明清楚就可以。

3. 落款

一般报告的结尾都有提出要求的习惯用语,根据报告的不同内容,应使用不同的习惯用语。呈转性建议报告常以"如无不妥,请批转有关单位执行"的请求式用语作结尾,其他各类报告常以"特此报告""专此报告""请审阅""请批示"等用语作结尾。然后将报告者名称（报告人）和报告时间写在最后。

（五）报告的写作要求

报告的写作一般要求在掌握充分材料的基础上进行综合分析，提炼出正确的主题和新颖的观点，然后用简洁的语言来表述，具体要求做到以下几点。

1. 立意要新

应该在考察大量材料的基础上进行分析研究，归纳出创新性观点，从而提炼出能反映事物本质的主题。

2. 内容要真实、具体

报告的内容必须是真实可靠，选材可以灵活多样，但必须实事求是，不能报喜不报忧，更不能编造假情，欺上瞒下。所以，起草报告的人员要深入调查研究，掌握第一手材料，然后进行分析归纳。材料要具体，既要有概括性的材料，又要有典型的具体事例。

3. 重点突出

报告的内容要根据主题的要求来安排，应该分清主次轻重，做到详略得当。重点内容要安排在前面，应详写；次要内容要安排在后面，可略写；可写可不写的内容就不写。同时，要点面结合，比如既要有典型的事例，又要有综合性的情况，做到眉目清楚、说服力强。

4. 报告中不能夹带请示事项

对于报告，受文单位不用答复，如果夹带请示事项，受文单位则不便处理，甚至还会贻误工作。对呈转性建议报告中所提请上级机关批转有关单位执行的意见，其实也是下级机关提出的建议，不应看作一种请示。上级机关对此建议也不必向报告作者机关批示表态。

5. 工作报告与情况报告的区别

工作报告反映的是经常性的常规工作情况，而情况报告汇报的是偶发性的特殊情况；工作报告的内容相对确定，情况报告的内容多不确定，因时因事而异；工作报告的写法基本稳定，而情况报告的写法灵活多样；有的工作报告有不同程度的说理，而情况报告重在叙述、说明有关情况。

6. 注意请示与报告的异同

在日常工作中，请示与报告是最常用的呈报事项的两种公文，但人们往往容易把报告与请示相混淆，该用请示的时候却用了报告，该用报告的时候又用成了请示，有时甚至请示、报告一起用,影响工作效率甚至延误时机。请示通常需要上级回复意见,报告一般不能要求上级回复意见。

思考题

1. 工作报告和情况报告的区别是什么?
2. 请示和报告的区别是什么?
3. 请示的写作结构是什么?

第四节 函与纪要

一、函

(一)函的性质和作用

1. 函的性质

《条例》规定,函"适用于不相隶属机关之间商洽工作,询问和答复问题,请求批准和答复审批事项"。

2. 函的作用

(1)平级机关或不相隶属机关单位之间的商洽性、询问性和答复性公务联系。

(2)向无隶属关系的业务主管部门请求批准有关事项。

(3)业务主管部门答复或审批无隶属关系的机关请示批准的事项。

(4)机关单位对个人的公务联系,如答复群众来信等。

(二)函的类型

1. 按照内容和用途分类

(1)商洽函。商洽函是指主要用于平行机关或不相隶属机关之间的商洽工作,联系有关事宜的函,如商调干部函、联系租赁函、洽谈业务函等。

(2)询问答复函。询问答复函是指主要用于不相隶属机关之间互相询问答复处理有关问题的函。

(3)请批、批答函。请批、批答函主要是指向不相隶属的业务主管部门制发的请批函,以及业务主管部门向不相隶属的机关单位制发的批准函。

2. 按照文面规格分类

(1)公函。公函需写上标题、主送机关、正文、落款,也要编上发文字号,既可由发文部门统一编号，也可按函件单独编号。

（2）便函。便函格式灵活、简便，语法自由，可不写标题、不编文号。便函不列入正式文件范围。

3. 按照行文方向分类

（1）去函。去函也叫来函，是主动发出的函。

（2）复函。复函则是针对来函所提出的问题或事情，被动答复的函。

（三）函的特点

1. 适用范围广泛，使用灵活方便

函既可用于相互商洽工作、询问答复问题，也可用于向主管部门请求批准事项及主管部门审批或答复事项。

2. 行文方向具有多向性

函既可以平行，又可以上行、下行文，但大多作平行文。

3. 短小精悍

函的内容比较单一，语言简洁明了。

（四）函的结构和写法

函通常由标题、主送机关、正文和落款几个部分组成。

1. 标题

函的标题有多种写法。

（1）发文机关＋事由＋回复函对象＋文种，如"国务院办公厅关于悬挂国徽等问题给××省人民政府办公厅的复函"，这是较重要的复函常用的标题。

（2）只写事由＋文种，省略发文机关，如"关于请求拨款举办庆祝活动的函""关于请求拨款举办庆祝活动的复函"，前例为去函标题，后例为复函标题。

2. 正文

（1）去函的正文开头，一般先写商洽、请求、询问或告知事项的依据、背景、缘由。事项部分应采用叙述和说明的写作方法，简明扼要地交代清楚。要求部分可多可少，如果事项很简单，可写在一段，一气呵成；如果事项较复杂，或要求较多，往往要单列一段甚至分条列项写。

（2）不论是哪一种内容，对哪一级，要求的语气都应该平和，不卑不亢。如果要对方回复，则还要明确提出"请函复""请复"之类的结语。

（3）复函的正文写法同批复的正文写法基本一样，由引语和答复意见两部分组成。引语就是引述来函标题及来函文号。答复意见即针对来函所提出的商洽、询问或请求等问题予以答复，即表示同意或不同意，不同意是什么原因，或应该怎么办、不应该怎么办，或对询问问题作出说明等。常用的结语有"特此函复""此复"等。

3. 落款

落款应写明发文单位的名称和日期。

（五）函的写作要求

1. 直叙其事

函是一种比较简便的行政公文，讲究快捷，所以，函一般写得很简短，应简明扼要，千万不要说一些空话、套话，或者含糊其词。

2. 尊重对方

函的语言表达必须礼貌、谦和、态度诚恳。对上要尊重、谦敬，但不恭维逢迎；对下要严肃，但不能傲慢无礼；对平行单位、不相隶属单位，要用商量口气，不盛气凌人，一般不用"必须""应该""注意"等指示性语言。

3. 区别于通知

由于函行文方向具有多向性，用法灵活，所以有时上级机关下发文件时也常用函代替通知。相对而言，通知有强制执行的意味，函的强制性和约束力较轻，使用时要注意辨清。

4. 区别于请示

函主要用于平级单位之间、不相隶属单位之间及有业务上的主管和被主管关系的单位之间的工作往来。请示则用于有隶属关系的上下级机关之间，下级机关用请示向上级机关行文请求指示批准重要事项。

5. 区别于批复

函有发函与复函之分，复函是用于回复不相隶属机关来函提出的事项；批复则是用来批准答复下级机关的请示。从使用范围来看，函比批复更广泛，使用更灵活。

二、纪要

（一）纪要的性质和作用

1. 纪要的性质

我们所这里所谓的纪要就是指会议纪要。纪要是我们在日常工作中经常要撰写的事务文书，适用于记载、传达会议情况和议定事项。

2. 纪要的作用

纪要通过记载会议基本情况、会议成果、会议议定事项，反映会议精神，以便与会者统一认识，会后全面、如实地进行传达和贯彻落实。

纪要通常只印发到会的单位，但为便于上级了解工作开展情况，也可抄报上级主管部门。

（二）纪要的类型

根据会议性质的不同，纪要可以分为以下两种类型。

1. 决议性会议纪要

决议性会议纪要对与会单位具有指示和指导作用，具有决定的性质。它反映的是会议的结论性意见，具有较强的政策性。这种会议纪要必须经过大会讨论通过才能发布。

2. 办公性会议纪要

办公性会议纪要是机关、团体、企事业单位的领导人和有关部门负责人定期召开的研究日常工作的办公会议形成的纪要。

（三）纪要的特点

1. 纪实性

纪要必须如实反映会议的内容和议定事项，不能把没有经过会议讨论的问题写进纪要，也不能随意修改或忽略会议讨论的重要事项，这样才能起到传达会议精神、为有关单位提供工作依据、指导有关工作开展的作用。因此，纪实性是会议纪要的基本特点，也是撰写纪要的基本原则。

2. 提要性

纪要是会议的要点不是会议记录，不能有闻必录，平铺直叙，而是必须对会议繁杂的情况和内容进行综合、概括性的整理，即概括出主要精神、归纳出主要事项、体现出中心思想，使人一目了然、易于把握。

3. 约束性

纪要一经下发，就要求与会单位和有关人员遵守、执行。在这一点上会议纪要与大会决议基本一致，会议纪要只不过比大会决议的规范性、严肃性程度低。

（四）纪要的结构和写法

纪要一般由标题、成文时间、正文等部分组成。其结构和写法如下。

1. 标题

纪要的标题由会议名称＋文种构成，如《全国中小企业现场经验交流会纪要》等；

有的由发文机关＋会议名称＋文种构成,如《××大学校长办公室会议纪要》。

2. 成文时间

纪要的成文时间即会议通过的时间或领导人签发的时间。一般在标题下居中位置用括号注明年、月、日,也有把成文时间写在尾部的署名下面。

3. 正文

(1)前言。首先概括交代会议的名称、时间、地点、主持人、主要议程、参加人员、会议形式及会议的成果,然后用"现将这次会议研究的几个问题纪要如下"或"现将会议主要精神纪要如下"等语句转入下文。

(2)主体。这是会议纪要的核心内容,主要记载会议情况和会议结果。紧紧围绕中心议题,把会议的基本精神,特别是会议形成的决定、决议准确地表达清楚。对于会议上有争议的问题和不同意见,必须如实予以反映,常用"会议讨论了""与会者认为""会议认为""会议强调""会议指出"等语言来叙述。

① 条项式。就是把主体内容包括讨论的问题和议定的事项,按主次一条条列出来使其条理化,一目了然。

② 综合式。就是把会议的内容或议定事项进行综合概括,分成若干个部分。这是一种比较普遍的写法,有利于突出主要内容,分清主次,一般把主要的、重要的放在前面,而且尽量写得详细、具体一些;把次要的和一般性的内容放在后面,可简略一些。用于批转的纪要多采用这种写法。

③ 摘要式。就是把与会者的具有典型性、代表性的发言要点摘录出来,按发言顺序或按内容性质先后写出。这种写法的好处是可尽量保留发言人的语言风格,比较客观、具体。

(3)落款。落款包括署名和成文时间两项内容。署名只用于办公会议纪要,写明召开会议的机关单位名称。一般会议纪要则不需要署名,不加盖公章。至于成文时间,如果在首部已注明,此处就不再写了。

(五)纪要的写作要求

1. 掌握会议的全部情况

写作纪要首先要弄清楚会议的目的、任务、内容和形式,掌握会议的所有文件材料,参加会议的全过程,并认真做好记录,特别要注意阅读会议的主体文件和材料、听取领导同志的发言,掌握会议的主要精神。

2. 抓住要点,突出会议主题

纪要虽然是会议情况和结果的反映,但不能面面俱到,照搬会议记录,而应该围绕会议主题抓住要点、突出重点,把会议的主要情况简明扼要地反映出来,把会议议定的事项一一叙述清楚。

3. 文字简洁明快

写作纪要应根据会议内容确定写法和篇幅,要简明扼要。在语言表达上,尽可能简短、通俗,切忌长篇大论,应以叙述为主;在层次结构、段落安排上要条理清楚。

思考题

1. 如何写好一份函?
2. 函和请示、批复、通知的区别是什么?
3. 纪要和会议记录的区别是什么?
4. 纪要的主体部分结构是什么?

第三章 商务文书

随着我国社会主义市场经济体制的发展和逐步完善，商务文书在社会经济活动中的地位和作用越来越重要。它已经成为企业和各类经济组织赖以生存和发展的重要手段与工具。

这部分内容主要介绍经济活动分析报告、营销策划书、招标书与投标书、意向书、协议书与合同书等使用频率较高的商务文书的写作。要求通过学习和训练，掌握这些文书的写作方法和技巧，并能结合实践，写出符合规范要求的常用商务文书。

第一节 经济活动分析报告

一、经济活动分析报告的性质和作用

（一）经济活动分析报告的性质

经济活动分析报告是运用多种分析方法，以经济计划指标、会计核算资料、相关的统计数据和从经济活动实际中获得的第一手资料为依据，对某项经济活动进行科学的分析评价后，将分析评价的结果用书面形式表达出来的报告性文书。经济活动分析报告也是报告的一种。

（二）经济活动分析报告的作用

1. 为决策和计划的制订提供依据

经济活动分析报告要通过对经济指标和数据的分析在具体过程中的变化，找出其规律性的东西，分析在执行过程中的成败得失、经验与教训，这些都是决策中需要掌握的最重要的资料。通过经济活动分析报告，可全面了解和掌握过去的经营情况，便于在制订经营计划时有的放矢。

2. 提高经营管理水平

企业经营中的任何报表和数据统计都是单一的、零散的和客观的，它们还不能完全说明问题，只有将这些数据和经济指标综合在一起，通过科学的分析方法将这些材料和数据提高到理性的认知高度，才能真正找出经营中存在的问题和不足，制定相应的切实可行的办法和措施，从而提高企业的经营管理水平，改善企业的经营管理状况，提高经济效益。

3. 提升企业竞争力

经济活动分析报告既要有纵向的自我分析，又要有横向的与国内同行业和国际同类企业的比较与分析，只有在横向对比中找到差距和不足，才能通过加强企业内部管理，提高生产经营和管理水平，提升企业竞争力。

二、经济活动分析报告的类型和特点

（一）经济活动分析报告的类型

（1）按经济性质分类，可分为宏观经济活动分析报告和微观经济活动分析报告。
（2）按内容范围分类，可分为全面经济活动分析报告和专题经济活动分析报告。
（3）按时间特征分类，可分为定期经济活动分析报告和不定期经济活动分析报告；事前预测性分析报告和事后总结性分析报告。

（二）经济活动分析报告的特点

1. 总结性

经济活动分析报告是对企业或一定区域某一特定时间内的经济活动所作出的分析评价性的书面报告。因此，每份报告都具有总结性的特点，可为经济决策者提供具有参考价值的经验和教训，以便于企业在经营中提高经济效益，步入良性发展轨道。

2. 分析性

分析性是经济活动分析报告的核心，没有分析就没有报告。分析是对企业发展现状进行横向或纵向比较与研究，分析其成功与失败的主客观原因，通过对自我的评价和与同行的比较，对本企业有理性的认知，当然分析的依据是各种经济指标和数据，方法也有多种，如比较分析法、因素分析法、动态分析法、平衡分析法、比率分析法、差额分析法等。这些方法在分析中可单独使用，也可综合运用。

3. 依据性

经济活动分析报告在企业的经营活动与决策中具有十分重要的参考价值，是企业在生产、管理、营销等方面决策的重要依据。

4. 专业性

经济活动分析报告涉及生产、销售、成本、财务、利润等多个专门领域。因此，分析经济活动现象、总结经济工作规律、撰写经济活动分析报告，必须具备经济领域所需的专业知识，还要懂得相关的分析方法和一定的数学知识。

三、经济活动分析报告的构成与写法

（一）标题

经济活动分析报告的标题有以下五种形式。

（1）单位、时限、事由和文种组成。

（2）省略单位或时限，如《××××年度财务状况分析报告》《统计局年度财务分析报告》。

（3）采用概述式标题，揭示经济活动分析报告的特点或主要内容，如《推动标准化与科技创新互动发展》。

（4）采用提问式标题，引起读者注意，如《第三季度利润指标何以提升这么快》。

（5）部门分析报告的标题要标明部门，如《××企业××××年主要经济指标分析》。

（二）正文

经济活动分析报告的正文一般由前言、主体和结尾组成。

1. 前言

前言又称导语或开头，或概括介绍经济活动的基本情况；或交代经济活动分析的目的、起因；或指出存在的问题。

2. 主体

主体部分必须根据经济活动的实际情况来安排，一般包括情况介绍、分析评价和意见建议三个部分。

（1）情况介绍。这部分介绍经济活动的基本情况。可以将收集到的被分析对象的各种经济指标和统计数据，以列表的形式说明，以便读者了解各项经济指标完成的情况，对经济活动的状况有完整的印象。

（2）分析评价。这部分是经济活动分析报告的核心。根据被分析对象的各种经济指标和统计数据，运用比较分析、因素分析等多种科学的分析方法，对影响经济活动运行的主客观因素进行详细的分析，并对经济活动的运行情况作出客观评价：或肯定成绩、总结经验；或找出问题、分析原因；或既肯定成绩、总结经验，又找出问题、分析原因。

这部分内容在表达上可采用文字叙述和表格说明相结合的方法，应做到数据准确无误，文字说服有力，条理清晰，层次分明，重点突出。

（3）意见建议。这部分根据存在的问题，有针对性地提出改进今后工作的意见和措施，为今后经济活动的开展指明方向，为企业的经营决策提供依据。

不同类型的经济活动分析报告，主体部分的侧重点也应有所不同。如全面分析报告应侧重对具有战略意义的问题进行分析，专题性分析报告应抓住带有关键性问题进行分析。但无论哪种类型的分析报告，都应指出较为明确的发展方向，回答好"怎么办"的问题，意见具体，建议行之有效，具有针对性。

3. 结尾

结尾部分是全文的总结，有的强化主题，有的与开头相呼应，有的表明态度，有的提出今后努力方向和决心，也可自然收尾。

四、经济活动分析报告的写作要求

（一）明确对象，突出重点

把握好分析对象是经济活动分析报告成功的关键所在。任何内容的分析报告都不可能面面俱到，那样反而无的放矢，主次不明，重点不突出。因此，在把握好分析对象的同时还应抓主要矛盾，通过现象揭示本质，只有如此才能找到问题的切入点，通过有理有据的分析，提出合理化建议，使经济活动有效开展。

（二）数据精确，材料典型

经济活动分析离不开大量的经济指标和统计数据，只有指标和数据准确，分析才具有说服力。因此，数据和指标必须精确、科学、规范。而只有抓住问题的实质，才能揭示经济活动运行的规律。因此，写作经济活动分析报告，还应收集并运用能够反映经济活动本质的典型材料。

（三）客观公正，实事求是

对经济活动进行分析，是为了促进部门或企业的经济健康发展。因此，写作经济活动分析报告，应树立客观公正的态度，如实反映被分析对象的真实情况，切忌"报喜不报忧"。

（四）正确运用分析方法

用于经济活动分析的方法有很多种，如比较分析法、因素分析法、动态分析法、结构分析法、平衡分析法、比率分析法、差额分析法等。只有掌握这些分析方法，了解各种分析方法的优势与不足，扬长避短，才能对经济活动的运行情况作出全面而深刻的分析与判断，得出正确结论，从而提高企业的经营管理水平。

思考题

1. 经济活动分析报告的作用是什么？

2. 经济活动分析报告的正文主体部分一般应该包括哪三个部分?
3. 写好一份经济活动分析报告应注意什么?

第二节　营销策划书

一、营销策划书的性质

营销策划书是企业策划人员通过对营销项目或活动进行系统分析全面筹划设计后,为营销项目顺利开展提供整体战略和策略而撰写的文书,也可称为营销策划方案。

二、营销策划书的构成与写法

(一) 标题

可以根据营销项目的内容,确定标题为三要素或二要素:三要素即企业名称＋项目内容＋营销策划书;二要素即项目内容＋营销策划书。

(二) 前言

前言是营销策划书的开头部分,一般应概括说明策划的背景、缘起或目的等内容。

(三) 市场营销环境状况分析

1. 对当前市场状况及市场前景进行分析

如产品的市场性、显示市场及潜在市场状况;市场成长状况,产品目前处于市场生命周期的哪一阶段,对于不同市场阶段的产品,其营销侧重点如何,相应的营销策略效果怎样,需求变化对产品市场的影响;消费者对产品的接受性,产品市场发展前景分析。

2. 对影响产品市场的不可控制因素进行分析

如经济环境、政治环境、消费者收入水平、消费结构的变化、消费心理状态等。

(四) 市场机会与问题分析

1. 分析目前产品营销中存在的问题

如企业知名度不高、形象不佳等对产品销售的影响;产品质量不过关、功能不全,被消费者冷落;产品包装太差,提不起消费者的购买兴趣;产品价格定位不合理;销售渠道不畅,或渠道选择有误,使销售受阻;促销方式不合理,消费者不了解企业产品;

服务质量太差，令消费者不满；售后保证缺乏，消费者购买顾虑多等。这些都可以是营销中存在的问题。

2. 针对产品特点，分析其优势、劣势

从问题中找劣势予以克服，从优势中找机会，发掘其市场潜力。分析目标市场或消费群体特点，进行市场细分，对不同的消费需求尽量予以满足，抓住主要消费群作为营销重点，找出与竞争对手的差距，把握好市场机会。

（五）营销目标

营销目标是在前文分析的基础上提出企业所要实现的具体目标，即营销策划书执行期间所要实现的经济效益目标，如总销售量、市场占有率等。

（六）营销策略

营销策略部分陈述的是企业用以达成目标的主要策略，主要包括以下内容。

1. 产品策略

通过前面产品市场机会与问题分析，提出合理的产品策略建议，形成有效的 4P 组合，达到最佳效果。产品策略一般包括产品定位策略、产品质量策略、产品品牌策略、产品包装策略、产品服务策略等。

2. 价格策略

制定价格策略的目的是使产品价格更具有竞争力。如拉大批零差价，调动批发商、中间商积极性；若企业以产品价格为营销优势，更应注重价格策略的策划。价格策略一般包括定价标准、制约定价的基本因素、定价的程序、定价的基本方法和定价策略等。

3. 营销渠道策略

营销渠道策略包括营销渠道的选择策略和中间批发商的营销策略等内容。产品目前销售渠道状况如何，对销售渠道的拓展有何计划，采取一些实惠政策鼓励中间商、代理商的销售积极性或制定适当的奖励政策都属于营销渠道策略的范畴。

4. 促销策略

促销活动实质是一种沟通活动、激励活动，它具有沟通信息、创造需求、突出特点、稳定销售四大功能，其中包括促销手段的选择和营销推广，如广告宣传、公关促销等。

（七）行动方案

行动方案是根据策划期内各时间段的不同特点推出的各项营销具体行动方案，也就是保证活动顺利开展的人、财、物和时间等实际安排的行动性内容。行动方案要细致、周密,既具操作性,又有灵活性,还要切实可行。

(八)费用预算

费用预算是营销策划书实施过程中的费用投入,包括总费用、阶段费用、项目费用等,其原则是以较少投入获得最大回报。

(九)控制与方案调整

在策划书实施过程中可能出现与现实情况不相适应的状况,因此必须随时根据市场的反馈情况及时对策划书进行调整。控制与方案调整应该包括应对策划书中所没有涉及的意外情况的应急计划等内容。

三、营销策划书的写作要求

(一)逻辑性强,有序合理

策划的目的在于解决企业经营管理中的问题,因此,策划书应具有较强的逻辑性。首先是预设情况,交代背景,分析现状,提出策划目的;其次是详细阐述具体的策划内容;最后明确提出解决问题的策略和行动方案。

(二)简明扼要,突出重点

营销策划书应抓住所要解决的核心问题,深入分析,提出可行性的相应对策,针对性强,具有实际操作指导意义。

(三)可操作性强

营销策划书要用于指导企业的营销活动,其指导性涉及活动中的每个参与者的工作及各环节关系的处理。因此,策划书具有可操作性非常重要。不具备可操作性的策划书,创意再好也没有任何价值。

(四)主题鲜明,创意新颖

营销策划书要求活动的主题鲜明,策划的想法新,活动的方式新,给人以全新的感受。创意新颖是策划书的灵魂。

思考题

1. 营销策划书的构成包括哪些项?
2. 写作营销策划书的注意事项是什么?

第三节　招标书与投标书

一、招投标活动的性质和程序

（一）招投标活动的性质

招投标活动是市场经济条件下的一种优胜劣汰的交易方式。招标者作为交易双方的买方，可以利用市场经济的竞争机制，通过公开招标从众多卖方（投标者）中选择最合适的交易对象。这种做法不仅适用于商品交易，也广泛应用于建设工程等发包与承包等领域。

（二）招投标活动的程序

招投标活动必须在法律监督和保护的条件下进行，具体程序如下。

1. 招标

招标单位成立招标机构、拟制招标文件、确定项目标底、发布招标公告或发出投标邀请书、审查投标人资格、出售招标文件。

2. 投标

投标人领取或购买招标文件，研究招标文件，编写投标文件，填写标书并按时将投标文件密封递送给招标人。

3. 开标

招标人在规定的时间、地点按要求将各投标方的投标文件当众揭晓。开标必须邀请各投标方代表参加。

4. 评标

招标人根据有关规定，邀请有关人员和专家对所有标书进行评审：审查标书，对标书进行分析、比较，评审、评定标书，写出评标报告。

5. 决标

招标人最终裁定、通知中标人，通知未中标人并退还其投标保证书。

6. 签约

招标人与中标人签订合同，招标工作结束。

二、招标书

（一）招标书的性质和特点

1. 招标书的性质

招标书也称"招标公告"或"招标通告"，是招标人为择优选择合作伙伴，在法律法规许可的条件下，根据自己的招标事项和要求，通过不同的媒体方式向社会不特定的邀请对象发出的明确招标条件的公告性文书。

招标书有不同的类型，按内容和性质不同可以分为大宗商品采购招标书、工程建设招标书、企业承包经营招标书、企业租赁招标书、劳务招标书、科研课题招标书、技术引进或技术转让招标书等。

2. 招标书的特点

（1）规范性。招标书的制作有法可依，按照《中华人民共和国招标投标法》的基本规定和要求，严格制作过程和基本内容。

（2）公开性。招标的过程应本着公开、公平、公正和诚实信用的原则进行，整个过程是透明的，一般通过媒体公开发布。

（3）效益性。通过公开招标，让众多的投标人竞争，从中选出最能胜任该项工程或服务的人选，以取得最佳的经济效益。

（二）招标书的构成与写法

《中华人民共和国招标投标法》规定："招标公告应当载明招标人的名称和地址、招标项目的性质、数量、实施地点和时间以及获取招标文件的办法等事项。"招标书一般由标题、正文、尾部组成。

1. 标题

（1）完整式标题，招标单位名称＋项目内容＋文种，如××大学图书馆建设工程招标书。

（2）省略式标题，或省略单位名称，如××高架路工程施工招标公告；或省略项目名称，如××责任有限公司招标公告。

2. 正文

招标书的正文包括前言和主体两个部分。

（1）前言。前言简要介绍招标项目的基本情况，包括招标项目名称，招标单位名称和招标的依据、目的、范围等，以便有意投标者明确努力的方向和目标，按照招标文件的要求编制投标书。

（2）主体。这是招标书的核心部分，应具体交代招标方式（如公开招标、内部招标或邀请招标等）和招标程序等，一般要写明以下内容：标的的性质、数量、技术规格和要求；投标的价格的要求和计算方式；完成标的或提供服务的时间；投标人应该提供的有关资料和资信证明；提供招标义件的方式、地点和截止日期；开标的时间、地点等。

招标项目的性质不同，招标书的内容和要求也就有所不同。如果是大宗商品货物采购的招标书，一般要写明货品的名称、数量、规格、型号和交货日期等；如果是工程建设类别招标书，应写明工程名称、工程规模、工程地址、工程工期等内容。

主体部分可采用条文式、表格式、条文表格组合式表述，语言要准确、周密、简洁，便于投标单位阅读及定夺。

3. 尾部
（1）招标单位全称。
（2）详细地址。
（3）通讯方式及号码（电话、传真、邮编或网址等）。
（4）行文日期。

招标书正文的写作没有固定的模式，但最重要的是应将招标的项目、条件、购买招标义件的时间、地点、价格和方式等内容告知有意向投标者。只要将这些交代清楚，在安排写作内容时，顺序可灵活掌握。

（三）招标书的写作要求

1. 事项合法，切实可行

应依据《中华人民共和国招标投标法》开展招标工作，招标程序应符合实际，科学规范、切实可行。

2. 内容全面，具体明确

介绍招标项目的内容要真实全面，招标的步骤要清楚具体，投标人的要求应明确。

3. 合乎规范，准确简洁

招标书的写作应合乎规范，语言表述应准确简洁。尤其是招标项目名称、技术规格、质量标准、投标方法、投标和开标的时间期限、招标文件的发售等应准确表达，不可笼统、含糊，应避免歧义。

三、投标书

（一）投标书的性质和特点

1. 投标书的性质

投标书是投标人按照招标条件和要求制作的在规定时间内递送招标人的承诺性文书，

也称"标函"或"标书"。

招标人组织开展的评标、决标一系列活动，都必须以投标书为依据。

投标书有不同的类型，按内容和性质不同可以分为大宗商品采购投标书、工程建设项目投标书、企业承包经营投标书、企业租赁投标书、劳务投标书、科研项目投标书、技术引进或技术转让投标书等。

2. 投标书的特点

（1）针对性。投标书的针对性很强，它的内容必须针对招标书提出的项目、条件和要求作出承诺，并针对自己的情况进行有理有据的分析。

（2）竞争性。投标人要中标，投标书必须具有较强的竞争力，通过对自我优越条件的分析，表明自己的竞争实力，有能力按照投标书提出的要约按时按量地完成标的。

（3）求实性。求真务实是投标人应该具有的本色，对投标项目和自己的条件作出客观公正的分析和介绍，对拟采取的措施和承诺以实事求是的态度对待，方能在竞争激烈的市场中取胜。

（二）投标书的构成与写法

投标书常见的表述形式有文字式、表格式和文字表格兼具式。表格式投标书一般由招标单位拟制，投标单位只要按照标书的表格填写即可。

投标书一般由标题、主送单位、正文、附件和尾部组成。

1. 标题

（1）完整式标题，投标人名称＋投标项目＋文种，如××建筑公司承包某某建筑工程投标书。

（2）省略式标题，或省略项目名称，如××物业管理公司投标书；或省略投标人名称，如××土地使用权投标书；也可直接写投标书、投标单。

2. 主送单位

主送单位是对招标单位的称呼，在标题之下顶格写明招标单位名称。

3. 正文

投标书的正文包括引言和主体两个部分。

（1）引言。引言简要交代投标目的、依据和指导思想，标明投标的意愿，点名投标的项目和内容，也可简要介绍投标单位的现状和情况。

（2）主体。主体是投标书的核心内容，主要根据招标文件提出的目标、要求等，说明投标企业具备的投标条件和优势，提出标价（也可用表格表示），完成招标项目的时间、质量、措施等承诺条件，可根据招标者提出的要求填写标书。

不同的投标项目，投标书的写作内容有所不同。

工程建设投标书的主体一般应写明工程项目的基本情况，工程标价，工程项目的开工、竣工日期，施工进度安排，施工办法及技术措施，质量等级和质量保证措施，主要材料指标等；投标人的基本情况、技术力量、施工装备情况；投标人承诺、声明。

大宗商品采购投标的主体一般应写明货品报价，货品规格、型号、数量、质量，交货方式、时间、地点，质量保证措施等；投标人的基本情况、应标条件及优势等；投标人承诺、声明。

4．附件

附件是指投标书所附带的有利于投标人中标的有关文件材料等，一般在正文左下方分别写明各种附件的名称、正本、副本数量。

5．尾部

（1）投标人的名称。

（2）详细地址。

（3）法人代表及联系人。

（4）通讯方式及号码（电话、传真、邮编等）。

（5）递送标书的日期并加盖公章。

（三）投标书的写作要求

1．实事求是，资料真实

投标书的内容直接关系到能否中标，因此投标书在介绍自己的条件和优势时要实事求是，所附的有关资料、数据也应真实准确。

2．考虑周密，表达准确

投标书的内容关系到对招标人的承诺，具有法律的严肃性，应考虑周密、语言表达准确，力避模棱两可、易生歧义的语句。

3．态度谦和，用语得体

投标书中宜用"贵方""贵单位""贵公司"等尊重对方的词语，显示投标人的谦和，以便对方容易接受投标。

思考题

1. 招投标活动的性质、特点和基本程序是什么？
2. 简述招标书和投标书的性质、作用。
3. 招标书与投标书的结构分别由哪些内容组成？
4. 招标书与投标书的写作要求分别是什么？

第四节 意向书、协议书与合同书

一、意向书

(一)意向书的性质

意向书是双方或多方就某一问题在进入实质性谈判之前、进行初步洽谈后形成的表达某种合作意向的带有原则性、方向性的文书。

意向书是临时的协商性文书,不具有法律效力,主要是为日后进一步签订协议书或合同做准备,为项目立项和对项目进行可行性研究奠定基础。它一般用于就某事项初次发生联系的当事人之间主要是为达到某种目的而表达的基本意图和愿望,多用于经济技术合作领域。意向书可以在谈判纪要的基础上整理而成。

(二)意向书的特点

1. 前瞻性

意向书是对合作前景的展望和对合作意愿的表示,对合作双方或多方来说都具有前瞻性。

2. 灵活性

意向书的灵活性主要表现在以下两个方面。

(1)意向书可以根据需要随时协商更改有关内容。

(2)意向书表述的是双方或多方的初步合作意向,其写作内容、条款形式由双方或多方当事人协商确定,没有固定模式和要求。

3. 临时性

意向书是初步洽谈的成果,也是今后进一步协商谈判的基础,一旦达成正式协议书或签订合同,意向书便完成了使命。

4. 原则性

意向书的内容多是原则性的,一般是将合作意图、合作项目等合作所要涉及的最基本的内容要点分条列项表述清楚即可,不设计具体细节,只表达原则性意向而已。

(三)意向书的结构与写法

1. 标题

意向书的标题一般写明事由和文种,如《关于合作经营××项目的意向书》;也可以写明各合作单位的名称、事由和文种，如《××公司与××研究所联合开发××科研项目的意向书》；有的仅写明文种，如《意向书》。

2. 正文

（1）导语。意向书的导语一般写明双方或多方当事人的单位名称，签订意向书的原则、目的、依据或遵循的原则，有时还要说明合作方协商谈判的大致情况，常用"达成如下意向"过渡到意向书的主体部分。如"××厂与××公司本着平等互利的原则，经友好协商，就××项目进行合作经营，达成如下意向"。

（2）主体。主体是意向书的主要内容，一般是分条列项写明双方或多方达成的意向性共识，如合作的项目、合作的方式、合作的程序、双方的义务等。

（3）结尾。意向书的结尾一般写明"本意向书一式两份，各执行一份备查"或"未尽事宜，双方另行协商"等语句。

3. 落款

意向书的落款应写明签订意向书的单位名称，代表人签名，加盖印章，并注明签订意向书的时间、地点。

（四）意向书的写作要求

1. 坚持平等互利原则

意向书的写作不分国家大小、单位大小或资本多少，应一视同仁，平等对待；既不能迁就对方，也不能把自己的要求无原则的强加给对方。

2. 态度诚恳

意向书的行文语气体现协商色彩，不用强制性的语句。

二、协议书

（一）协议书的性质和类型

1. 协议书的性质

协议书是双方或多方当事人就某一问题，依据法律规定，经过充分研究协商取得共识后签订的一种契约性文书。

2. 协议书的类型

签订协议书的主体没有严格的规定，单位和个人都可以成为协议书的主体。协议书适用范围广，不仅仅运用于经济活动中。经济活动中常见的协议书主要有补充、变更或解除合同协议书，联营或合作协议书，代理或经销协议书，仲裁协议书，和解、调解协议书、委托协议书等。

（二）协议书的作用

1. 契约作用

协议书属于契约型文书，也是在当事人协商一致的情况下签署的，因此，当事人应当按协议书的规定享受权利并履行职责。

2. 证明作用

当事人为了证明某种活动的有效性，怕彼此因为时间长就不能按照当时约定的执行，经协商一致签订协议书。

3. 补充作用

对于一些已签订合同的当事人，在执行合同时发现有些条款不太明确或不太完善，甚至有些条款不能执行时，往往需要经协商谈判后签订协议书，作为已订合同的补充或修改，并成为已订合同的组成部分。

（三）协议书的结构与写法

1. 标题

协议书的标题一般有以下三种形式。

（1）由当事人双方名称、事由和文种组成，如××公司与某某商场关于建立××服务中心的协议书。

（2）由事由和文种组成，如租赁协议书。

（3）直接写"协议书"。

2. 约首

在标题之下，写明当事人的单位名称或姓名、地址等，有的协议书还需要写明性别、年龄、通讯方式及号码等内容。

3. 正文

（1）前言。前言简单介绍签订协议的原因、目的。如"××公司与××大学通过初步协商，双方就协作问题达成如下协议"。

（2）主体。主体是双方或多方协议的主要内容，一般由多项条款组成，因此应分条列项写明双方或多方协商确定的具体内容。协议书的条款内容不像合同那样有严格的规定，不同性质的协议书所包括的条款内容会有所不同，具体包括哪些条款主要由协议书的性质和当事人协商的结果而定。

4. 约尾

约尾部分一般写明当事人的单位名称或姓名、法人代表姓名，注明签约的具体时间，然后盖章。

（四）协议书与意向书的区别

协议书是意向书的发展，二者主要区别如下。

1. 角度范围不同

协议书往往较多地涉及宏观角度、总的原则等问题。

2. 内容要求不同

协议书是在意向书基础上进一步谈判、订立的一个提纲性文件。

3. 失效长短不同

意向书的有效期限一般较短。

4. 法律效力不同

意向书不像协议书那样具有法律效力。

三、合同书

（一）合同书的性质

合同书是具有某种法律关系的契约性文书。《中华人民共和国合同法》（以下简称《合同法》）规定：合同是平等主体的自然人、法人、其他组织之间设立、变更、终止民事权利义务关系的协议。

合同关系是一种法律关系，对当事人具有法律约束力。当事人应当按照约定履行自己的义务，不得擅自变更或解除合同。依法订立的合同受法律保护。

（二）合同订立的原则

1. 平等原则

合同当事人的法律地位一律平等。一方不得将自己的意志强加给另一方。一方以胁迫手段订立的合同无效。

2. 自愿原则

当事人依法享有自愿订立合同的权利，任何单位和个人不得非法干预。一方以欺诈、胁迫的手段或者乘人之危，使对方在违背真实意愿的情况下订立的合同无效，受损失方有权请求人民法院或仲裁机构变更或者撤销合同。

3. 公平原则

当事人应当遵循公平原则确定各方的权利和义务。因重大误解签订的合同，或在订立合同时显失公平的，当事人一方有权请求人民法院或仲裁机构变更或者撤销合同。

4. 诚实信用原则

当事人行使权利、履行义务应当遵循诚实信用的原则。如果一方发现对方的合同内容不真实，有权请求人民法院或仲裁机构变更或者撤销合同。

5. 守法重德原则

当事人订立、履行合同应当遵守法律、行政法规，尊重社会公德，不得扰乱社会经济秩序，损害社会公共利益。订立合同本身属于法律行为，因此守法是当事人必须遵循的基本原则。凡是以恶意串通，损害国家、集体或他人利益的合同，以合法形式掩盖非法目的的合同，都是无效合同。

（三）合同订立的程序

1. 审核资格

签订合同应首先了解对方的资质情况、履约能力；是否有履行类似合同的经历；是否具有与合同相应的支付能力；财力、物力或生产能力等。《合同法》规定："当事人订立合同，应当具有相应的民事权利能力和民事行为能力。"当事人依法可以委托代理人签订合同。与代理人签订合同时，要审核代理人的一般情况，如姓名、性别、单位、职务、住所等，还要审核代理人的授权代理范围和期限。

2. 要约与承诺

《合同法》规定："当事人订立合同，采取要约与承诺的方式。"向对方提出合同条件作出签订合同的意思表示称为"要约"，而另一方如果表示接受就称为"承诺"。合同是经过当事人反复要约、承诺才得以达成的。而当事人一次又一次的讨价还价、反复协商的过程就是反复要约、承诺的过程。当事人对合同必备条款协商一致、达成一致意见时合同就成立了。

3. 拟写书面合同

《合同法》规定："当事人订立合同，有书面形式、口头形式和其他形式。"为了维护合同的严肃性，保证合同的切实履行，订立合同应采用书面形式。因此，当事人应将协商谈判、达成一致意见的合同条款内容拟写出来。有合同示范文本的，可采用示范文本。

4. 办理生效手续

《合同法》规定："当事人采用合同书形式订立合同的，自双方当事人签字或盖章时合同成立。"因此，合同拟定后，当事人、法定代表人或委托代理人应在合同上签名、盖章。需要签证或公证的合同，在签证机关或公证机关签证或公证后才能生效。

（四）合同书的结构与写法

1. 合同名称

合同名称应表明合同的性质，一般由事由和文种组成，如《科研器材买卖合同》《公路建设承包合同》。

2. 约首

约首位于合同名称下方，主要包括以下内容。

（1）当事人名称或姓名和地址。当事人如果是法人或其他组织，必须写明它们的全称和地址；当事人如果是自然人，必须写明其姓名和住所。合同中还常常要表明当事人的关系地位，如发包方、承包方，出租人、承租人，贷款方、借款方。

（2）合同编号、签订时间、地点。对合同编号，利于存档备查。签订时间是合同生效的时间。签订地点事关日后申诉和适用的法律法规。签订时间、地点也可以在约尾中写明。

3. 正文

正文一般包括引言和主体两部分。

（1）引言。引言写明双方签订合同的依据和目的，一般用"根据《××法》及有关规定，为明确双方的权利和义务，双方协商一致，签订本合同，以资共同遵守"等语句。

（2）主体。主体是合同的主要内容，即按《合同法》规定、双方协商一致的合同条款。

第一，当事人的名称或姓名和住所。当事人是依法订立合同的平等主体，是与合同直接有关的自然人、法人或其他组织，是在合同中应首先明确的条款。当事人必须是两个或两个以上的主体。当事人是法人或组织的必须注明其名称（要求用全称，即营业执照上的名称）和住所（地址）。当事人是自然人的，必须注明其姓名和住所，姓名和住所必须与有效证件如身份证、军官证、护照上的姓名和住所一致。

第二，标的。标的是合同当事人双方权利和义务共同指向的对象，它是合同中必须具备的、最主要的、最基本的条款。标的在合同中一般用货物、劳务、工程项目等的名称来表示。标的的名称、品牌、规格、款式、生产日期（批号）等，在合同书中都应明确标出，否则会影响合同的履行，导致合同纠纷。

第三，数量和质量。合同必须明确规定标的的数量和质量。在数量规定中，计量单位和计量方法也必须在合同中写清楚，有的商品还应规定合理的误差、正负尾数、损耗标准等。质量是指标的的内在素质和外表形态的优良程度。质量标准应以国际、国家或行业标准作为强制性标准。没有强制性标准的，由当事人协商约定。数量和质量直接影响当事人的权利和义务。

第四，价款或报酬。价款或报酬是指合同标的的一方当事人向对方当事人支付的代价，一般是以一定的货币数量来表示的。价款是用来支付财物的，报酬是付给劳务或完成某项工作的。价款或报酬应写明支付的总金额、计量单位、计算标准、结算方式、计价的货币名称等。

第五，履行的期限、地点和方式。履行期限是指合同中规定的当事人交付标的和另一方当事人支付价金的时间界限。它是确定合同是否按时履行的客观标准，也是一方当事人要求对方履行合同的时间依据。履行地点是指当事人履行合同义务的地方，指交付标的和价金的地点。履行方式是指当事人履行义务的方式，履行方式有一次完成、分几次完成、供方送货、需要提货和代办托运等方式。合同中都应明确注明。

第六，违约责任。当事人一方不履行合同义务或者履行合同义务不符合约定的，都应承担继续履行、采取补救措施或者赔偿损失等违约责任。

当事人可以依照《中华人民共和国担保法》约定一方向对方给付定金作为债权的担保。债务人履行债务后，定金应当抵作价款或者收回。给付定金的一方不履行约定的债务的，无权要求返还定金，一方违约时，对方可以选择适用违约金或者定金条款。

订立合同时在违约责任条款中应注明合同当事人各方未能履行合同应负的具体责任，并应约定违约金、赔偿金的支付结算方式和逾期法则。

第七，解决争议的办法。解决争议的办法是指在合同中约定的，当合同发生纠纷时解决纠纷的办法，包括和解、调解、仲裁、诉讼，选择其一写于合同条款中。《中华人民共和国仲裁法》规定："当事人采用仲裁方法解决纠纷，应当双方自愿，达成仲裁协议。没有仲裁协议，一方申请仲裁，仲裁委员会不予受理。"因此，若选择仲裁方式解决纠纷，必须在"解决争议的办法"条款中注明，方能仲裁。

第八，其他条款。不同合同因其性质不同，合同当事人还可依法共同约定有关条款，如包装、运输、保管等依据合同性质当事人认为应当明确的内容，合同份数、保存人、有效期限等。有些合同还附有表格、图纸、资料、实物等，如"本合同正本一式两份，甲乙双方各持一份；合同副本一式四份，分别由双方主管部门及××公证处、××银行各存一份"。

4. 约尾

清楚明确地写好约尾，可便于合同的履行。

（1）当事人、法定代表人、委托代理人签名并盖章。

（2）写明当事人详细地址、电话号码、传真号码、邮政编码和开户银行、账号。

（3）需要办理签证或公证手续的合同，应由签证或公证机关签署意见并盖章。

（4）如约首没有写明合同签订日期的，约尾应写清楚。

（五）合同书的写作要求

1. 遵守法律法规

合同是根据当事人的意愿依法订立的，与其他财经类文书有着本质的不同。合同内容和程序都必须严格遵守《合同法》中的条款。根据《合同法》规定，凡与国家法律法规内容相违背的合同均属于无效合同，不受法律保护。

2. 格式严格规范

无论是表格式合同还是条款式合同，均应按照有关规定和相关要求，以合同示范样本为范本，认真填写或书写。

3. 条款完备具体

合同的内容要素不能缺失，条款不能遗漏。如果缺少某项条款，一旦发生纠纷，将没有解决的依据，给当事人双方造成不必要的麻烦和损失。合同内容应具体清楚，不可含混不清，如数量和质量要求，违约责任，交货时间、地点、方式等都应明白无误。

4. 表达准确严密

条款式合同写作内容应周密严谨、言简意赅、概念准确、条目清晰，切忌词不达意、含糊不清、模棱两可，避免用"最近""基本上""差不多""可能""大概""上一年"等模糊词语，价款和酬金数字必须用大写。

（六）协议书与合同书的异同辨析

协议书和合同都是契约型文书，它们的用途、写法相近，都具有法定的约束力，但两者有明显的不同。

1. 适用范围不同

合同主要运用在经济活动中，《合同法》对合同的种类作了明确的规定，合同的适用范围有一定的限制；相比之下，协议书的适用范围要比合同广泛，不仅仅限于经济活动。

2. 条款内容不同

《合同法》对合同应具备的主要条款作了明确的规定，合同的条款内容较为具体详尽；而协议书的内容一般比较简略。

3. 签订时间不同

一般是先签订协议书，后签订合同。经济活动往来中，签订协议书可以为正式签订合同做准备。

4. 规范程度不同

为了维护社会的经济秩序和当事人的合法权益，《合同法》对合同的签订有严格的规定，规范程度较高；协议书的规范程度相对较低。

思考题

1. 意向书与协议书的区别是什么？
2. 协议书与合同的区别是什么？
3. 合同的订立程序有哪些？
4. 合同书的主要条款有哪些？

第四章 法律文书

法律文书是法律行为的具体文字表述，它是在法律上有效或具有法律意义的文件、文书、公文的总称，具有广义和狭义之分。狭义的法律文书仅指非规范性的法律文书，即作为执法机关和公民、法人执法和用法活动结果的书面表现形式。广义的法律文书还包括规范性的法律文书，即由各级立法机关通过并发布实施的法律、法规、规章等规范性文件。本章介绍的是狭义的法律文书。

第一节 起诉状与答辩状

一、起诉状

（一）起诉状的性质和作用

1. 起诉状的性质

起诉状是指公民、法人和其他组织因自身合法权益受到侵害或发生争执，依法向人民法院提起诉讼，请求保护或解决争执而写的法律文书。

2. 起诉状的作用

起诉状经法院审查受理后，将直接引起诉讼程序的发生，它是人民法院审查立案和审理案件的根据，也是被告应诉答辩的依据，在诉讼中有十分重要的作用。

（二）起诉状的种类

1. 民事起诉状

民事起诉状是指民事案件当事人为维护自身的民事权益，依据事实与法律，向人民法院提起诉讼，请求依法保护的法律文书。

2. 刑事起诉状

刑事起诉状也称刑事自诉状,是指刑事自诉案件的被害人或其法定代理人依法直接向人民法院控告被告人的犯罪行为,要求追究被告人刑事责任或者附带民事责任的法律文书,只适用于"告诉才处理和其他不需要侦查的轻微刑事案件",如侮辱案、诽谤案、非法侵入住宅案等。

3. 行政起诉状

行政起诉状是指公民、法人或其他组织,认为行政机关或行政机关工作人员具体行政行为侵犯合法权益,向人民法院提起行政诉讼,要求人民法院对行政争议作出裁判的法律文书。

(三)起诉状的特点

1. 提起诉讼的直接性

当事人的合法权益受到侵犯时,当事人或其法定代理人可以直接向人民法院递交起诉状,从而提起诉讼。

2. 适用范围的特定性

起诉状只有在一定范围内提起诉讼时适用。就民事起诉状而言,主要适用于人民法院管辖而未被法院审理的案件。

3. 处理案件的参证性

我国诉讼法规定,人民法院接到起诉状后首先要进行审查,符合法律规定受理案件的,应当及时立案,否则不予受理。由此可见,起诉状不仅是原告为了维护自身合法权益提起诉讼的前提条件,而且是人民法院处理案件时的证据。

(四)起诉状的结构与写法

1. 标题

起诉状的标题根据案件的类别确定,如"民事起诉状""刑事起诉状"。

2. 首部

起诉状的首部应简单介绍当事人(包括原告、被告)的基本情况,如姓名、性别、年龄、民族、籍贯、职业、工作单位、住址等。介绍时先写原告,有几个写几个,原告如有代理人,则写在原告姓名的下一行;再写被告,第三人应列在被告之后。如果当事人是法人、其他组织的,应写明其名称、住所地、法定代表人或负责人姓名和职务等。

3. 请求事项

请求事项是指原告为达到自己起诉的目的而向人民法院所作的请求。例如,指控被告人的行为构成何种罪名，要求人民法院给予被告何种处罚；请求履行合同、归还产权、赔偿损失等。

4. 事实和理由

事实和理由是起诉状的核心，要写明原告所控告的具体事实及经过情况。涉及当事人有争议的事实要表述得具体、明白。理由部分，通过讲道理分析认定被告人犯罪或侵权行为的性质、所造成的危害与后果及应承担的责任，并引用相关法律、政策作为依据。

5. 证据和证据来源

证据包括人证、物证、证人证言、视听资料等。列举书证、物证要原件、原物还是副本、复制品，同时要写明证据的来源；列举证人，要写明证人的姓名、住址、联系方式等，并说明他们能证明什么问题。

6. 尾部

（1）正文下一行空两格写"此致"二字，另起一行顶格写起诉状所递交法院的全称。
（2）落款，在右下方签名盖章，在下一行写明具体日期。
（3）附项，写明本状副本的份数，书证、物证的名称和数量。

（五）起诉状的写作要求

（1）叙述事实要实事求是，全面完整，条理清晰，要有针对性，不能含糊其辞、模棱两可。
（2）语言简洁明了，庄重、质朴，表意准确、严谨。

二、答辩状

（一）答辩状的性质和作用

1. 答辩状的性质

答辩状是民事、刑事或行政案件中的被告或被上诉人，在规定期限内，针对原告提出的诉讼请求或上诉人提出的上诉请求作出答复和辩驳的法律文书。

2. 答辩状的作用

（1）答辩状是法律赋予被告或上诉人的权利，是为了保障当事人平等地使用诉讼权利，依法保护自己的合法权益。
（2）答辩状的运用有利于人民法院全面了解案情，公正、合法地审理案件。

（二）答辩状的种类

按照案件性质，答辩状可分为刑事答辩状、民事答辩状和行政答辩状。

按照诉讼程序规定,答辩状可分为一审答辩状和二审答辩状。

(三)答辩状的特点

1. 明显的答复性

答辩状的提出是一种应诉的法律行为。原告或上诉人在起诉状或上诉状中对被告或被上诉人进行指控,为维护自身权益,被告或上诉人要通过答辩状进行回答。

2. 鲜明的论辩性

原告或上诉人提出的诉讼请求,与被告或上诉人的切身利益相抵触,作为被告或上诉人,要运用答辩状来批驳对方,以此保护自身合法权益,这本身就是一种论辩。

(四)答辩状的结构和写法

1. 标题

答辩状的标题应写明答辩状的名称,如"民事答辩状""刑事答辩状"等。

2. 首部

答辩状的首部应写明答辩人的基本情况,如姓名、性别、年龄、民族、籍贯、职业、工作单位、住址等。如答辩人是法人或其他组织,写清其名称、住所地、法定代表人或负责人姓名和职务等。

3. 答辩事由

答辩状的答辩事由应写明对何人的起诉或上诉的何案提出答辩。按格式样本的规定,具体行文为"因××一案,提出答辩如下""答辩人于××××年××月××日收到××人民法院交来原告因××一案的起诉状,现答辩如下"。

4. 答辩理由

答辩理由是答辩状最主要的部分,针对原告或上诉人提出的诉讼请求、事实和理由尽心答辩,可以从实体内容上反驳,针对对方所控事实不符或证据不足之处,陈述事实真相,列举证据,否定其诉讼请求,同时针对对方在适用法律上的错误,逐条驳斥;也可以从诉讼程序上反驳,以诉讼法的有关规定为依据,论证对方不具备起诉或上诉所发生和进行的条件。

在充分论述理由的基础上,进行综合归纳,简要提出答辩人的观点和主张,指出自己行为的合理性、答辩理由的正确性、对方行为的谬误性及自己对本案的处理意见。

5. 尾部

答辩状的尾部应写明答辩状递交的人民法院的名称、答辩人姓名及答辩时间等。

（五）答辩状的写作要求

（1）遵循实事求是的原则，如实、客观地答复起诉状或上诉状中所提出的诉讼请求，对方要求不合理的，要予以驳斥；对方请求的合理部分，要予以承认，不能隐瞒、歪曲事实。

（2）要有针对性，针对对方之诉，切中要害，抓住双方在纠纷中的争议焦点，列举事实与证据，阐明理由，进行辩驳。

思考题

1. 起诉状的结构是什么？
2. 答辩状的种类和特点是什么？
3. 答辩状的写作要求是什么？

第二节　上诉状与申诉状

一、上诉状

（一）上诉状的性质和作用

1. 上诉状的性质

上诉状是诉讼当事人或法定代理人不服地方各级人民法院第一审判决或裁定，依照法定程序，在法定期限内，向上一级人民法院上诉，要求撤销、变更原审裁判或重新审理而写的法律文书。

2. 上诉状的作用

上诉状是当事人及其法定代理人行使上诉权的有效工具，也是第二审人民法院受理案件、进行审理的依据。第二审法院通过上诉状可以了解上诉人不服第一审法院裁判的理由和第二审诉讼的请求，有助于第二审法院公开审理案件，及时纠正有错误的判决和裁定，提高办案质量，也使当事人的合法权益得到切实的保障。

（二）上诉状的种类和特点

1. 上诉状的种类

根据案件性质的不同，上诉状可以分为民事上诉状、刑事上诉状、行政上诉状三种。

2. 上诉状的特点

（1）当事人、法定代理人或有独立请求权的第三人有权提出上诉，其他人则没有这一权利。

（2）必须是在不服地方各级人民法院的一审判决或裁定时才可提起上诉。对中级或高级人民法院的二审判决或裁定就不能再提起上诉。因为我国实行的是两级终审制。最高人民法院是国家的最高审判机关，对其一审判决或裁定，不得再提起诉讼。

（3）必须在上诉期限内（民事、行政判决 15 天，裁定 10 天；刑事判决 10 天，裁定 5 天，从收到的次日起计算）提起上诉。

（三）上诉状的结构与写法

1. 标题

上诉状应根据案件的性质写明标题，如"民事上诉状""刑事上诉状""刑事附带民事上诉状"三种。

2. 首部

上诉状的首部应介绍当事人的基本情况，其写法与起诉状基本相同，只是将"原告人""被告人"相应改成"上诉人""被上诉人"，并在称谓后注明在原审中的诉讼地位，即是原审的原告、被告还是第三人。

3. 上诉请求

上诉状应写明上诉人对原判是全部还是部分不服，再提出具体的上诉请求，是要撤销还是变更，是全部变更还是部分变更或重新审理等。

4. 上诉理由

上诉状的上诉理由部分应针对原判的错误、不当，依据事实和法律，指出原审裁判所认定的事实与法律依据的错误及纠正意见。上诉理由具体可以从原判在认定事实、定性及适用法律、适用程序方面错在的错误或不当给予反驳。

5. 尾部

上诉状的尾部应写明受理上诉人的人民法院名称、上诉人姓名或单位名称、上诉日期及附项，其写法与起诉状一致。

（四）上诉状的写作要求

（1）上诉请求应内容具体、明确，有针对性，切忌面面俱到。

（2）上诉理由应抓住关键性问题。

（3）具体分析和解剖过程要实事求是，有的放矢，不能含糊其辞、牵强附会、强词夺理。

二、申诉状

（一）申诉状的性质和作用

1. 申诉状的性质

申诉状是指申诉人对已经发生法律效力的判决、裁定，认为其确有错误，向人民法院或人民检察院提出申诉，请求重新审判或处理的法律文书。这里的申诉人主要指刑事案件的当事人、被害人及其家属或者其他公民，民事案件的当事人或其法定代理人，行政案件的当事人等。

2. 申诉状的作用

申诉状阐明的理由若合情合理、有理有据，接受申诉的司法机关认为原判确有错误，可以通过再审作出公正的处理。这对于人民法院发现并纠正冤假错案、维护当事人的合法权益有着重要的作用。

（二）申诉状的种类和特点

1. 申诉状的种类

按照案件的性质不同，申诉状一般分为民事申诉状、刑事申诉状、行政申诉状三种。

2. 申诉状的特点

（1）申诉不受时间限制。申诉人不论有关的裁判是否经过上诉，也不论这些裁判是否已经执行完毕，都可以提交申诉状，但是提出申诉并不能停止判决、裁定的执行。

（2）适用程序的特殊性。申诉状言之有理、持之有据，经司法机关审查认为申诉理由成立，原判确有错误，才决定适用特殊的程序即审判监督程序，进行再审，纠正错案。也就是说，申诉状只有通过适用特殊的审判程序才能发挥作用。

（3）申诉状具有鲜明的针对性。申诉状是针对已生效的人民法院的裁判而提出的。

（三）申诉状的结构与写法

1. 标题

申诉状应根据案件的性质写明标题，如"刑事申诉状""民事申诉状"等。

2. 首部

申诉状的首部包括以下两项内容。

（1）写明申诉人和被申诉人的基本情况，如姓名、性别、年龄、民族、籍贯、工作单位等，同时在称谓后面注明在原审中的诉讼地位。刑事案件的申诉状只有申诉人栏，没有被申诉人栏。

（2）写明申诉人不服的原判决或裁定的来源，具体表述为"申诉人××因为×（案件性质）一案，不服×××人民法院于××××年××月××日（年度）×法（刑、民、经、行）初字第 × 号刑事（或民事等）判决（或裁定），现提出申诉"。

3. 申诉请求

申诉状应用简明扼要的语言，写明请求目的，明确地向人民法院提出要求立案再审和撤销、变更原裁判文书的具体要求，或要求人民检察院提起抗诉。

4. 申诉的事实和理由

申诉的事实和理由部分是申诉状的核心内容，主要是针对原判决书、裁定书的不当之处，从认定事实、适用法律和诉讼程序上存在的错误等方面分别加以阐述。在指明错误的同时，要提出有关证据、法律依据及要求重新审理或中止执行的理由，以此来论证提出的申诉请求是合情合理的。

5. 尾部

申诉状的尾部应写明受文单位全称、申诉人的姓名、申诉日期及附项。

（四）申诉状的写作要求

（1）请求要明确。认定判决或裁定有错误，才提出申诉。是认定原判完全错误，要求撤销原判，还是认定原判部分错误，要求改判，都要明确。

（2）内容要有针对性。写申诉状时，必须紧紧抓住原判或原裁定的错误之处，作充分的申诉。

（3）说理要充分。为了达到申诉目的，申诉状一定要摆出确凿的人证、事证、物证，把事实叙述清楚，准确地引用法律条文，进行合乎逻辑的分析。只有言之有据、理由充分，人民法院或人民检察院才会接受申诉。

（4）申诉时要注意附上第一、二审判决书、裁定书或者调解书的原件或复印件，以便进行处理。

（五）申诉状与上诉状的区别

1. 针对的对象不同

申诉状针对的是已经发生法律效力的判决或裁定；上诉状针对的是尚未发生法律效力的判决或裁定。

2. 提出的时限不同

申诉状一般不受时间的限制；而上诉状的提交必须在法定的期限内，逾期则无权上诉。

3. 呈送的机关不同

申诉状不仅可以向原审法院提交，也可以向原审法院的上级法院提交，还可以向原审法院的上级检察院及最高人民检察院提交；上诉状只能向一审法院的上一级法院提交。

4. 引起的后果不同

申诉状递交后，可能引起审判监督程序的发生，也可能不引起审判监督程序的发生；上诉状递交后，必定引起第二审程序的发生。

> **思考题**

1. 上诉状的作用是什么？
2. 上诉状的写作要求是什么？
3. 申诉状的结构包含哪些？
4. 申诉状与上诉状的区别是什么？

第三节　劳动争议仲裁申请书与答辩书

一、劳动争议仲裁申请书

（一）劳动争议仲裁申请书的性质

劳动争议仲裁申请书又称劳动争议仲裁申诉书，指当事人为维护自身的合法权益，将已经发生的争议提请劳动仲裁委员会仲裁的法律文书。

（二）劳动争议仲裁的申请条件

（1）申请人是与本案有直接利害关系的人，包括用人单位和劳动者。

（2）申请仲裁的争议属于劳动争议。所谓劳动争议，是指劳动关系当事人因执行劳动法、履行劳动合同而发生的纠纷。比如，因企业开除、除名、辞退职工和职工辞职、自动离职而发生的纠纷。

（3）应符合仲裁委员会有关管辖的规定。县、市、市辖区应当设立劳动争议仲裁委员会，并负责处理本行政区域内发生的劳动争议。

（4）申请仲裁不能超过时效规定。一般情况下，应当在争议发生之日起 60 日内提出申请。

（三）劳动争议仲裁申请书的结构与写法

1. 标题

劳动争议仲裁申请书的标题一般写为"劳动争议仲裁申请书"。

2. 首部

劳动争议仲裁申请书的首部应写明当事人（申诉人和被申诉人）的基本情况，具体写法与起诉状相似。

3. 仲裁请求

劳动争议仲裁申请书应明确而具体地向劳动争议仲裁委员会提出申请仲裁所要达到的要求与目的。

4. 事实与理由

事实部分应写明劳动争议产生的原因与经过；理由部分应根据事实和证据，通过分析阐明自己对双方权利和义务、是非与责任的看法，支持自己的请求。

5. 尾部

劳动争议仲裁申请书的尾部应写明申请书送交的仲裁机关全称、申请人姓名、申请日期及附项。

（四）劳动争议仲裁申请书的写作要求

（1）叙述事实要实事求是，既不夸大也不缩小。
（2）要有针对性，重点要放在争议焦点上。
（3）语言要简洁朴实，不要过于冗长。

二、劳动争议仲裁答辩书

（一）劳动争议仲裁答辩书的性质

劳动争议仲裁答辩书是指劳动争议仲裁案件的被申诉人为维护自身的合法权益，针对申诉人的申诉书依法进行答复和辩驳的法律文书。一般情况下，劳动争议仲裁答辩书应当在被申诉人收到申诉书副本起15日内递交。

（二）劳动争议仲裁答辩书的结构与写法

1. 标题

劳动争议仲裁答辩书的标题一般写为"劳动争议仲裁答辩书"。

2. 首部

劳动争议仲裁答辩书的首部先顶格写上报送仲裁机关的名称，如"×××劳动争议仲裁委员"；然后写引言，如"根据××劳动争议仲裁委员会××号应诉通知书，答辩如下"。

3. 正文

劳动争议仲裁答辩书的正文部分一般针对申诉书的内容，从事实、法律等方面进行有理有据的辩驳，做到实事求是、以理服人，并在此基础上提出答辩人的答辩请求。

4. 尾部

劳动争议仲裁答辩书的尾部应写明呈送的仲裁机构名称、答辩人姓名、答辩日期及附项。

（三）劳动争议仲裁答辩书的写作要求

（1）劳动争议仲裁答辩书的内容要有鲜明的针对性，文字简明扼要，表达正确，内容完备，论证严密。

（2）劳动争议仲裁答辩书的写作要尊重事实，严格依照法律规定。

思考题

1. 劳动争议仲裁的申请条件是什么？
2. 劳动争议仲裁答辩书的结构和写法是什么？

第四节 公 证 书

一、公证书的性质

公证书是公证机关根据当事人的申请，对法律行为和具有法律意义的文件、事实，依法证明其真实性、合法性的文书。公证书是一种非诉讼性质的文书。公证书具有证据效力、强制执行效力和法律要件效力三个基本法律效力。

二、公证书的种类

根据公证书作用的不同，公证书分为公证书和辅助性公证书两类。

根据公证书内容的不同，公证书分为证明法律行为的公证书、证明法律事实的公证书、证明具有法律意义的文书公证书三类。

三、公证书的特点

（1）法定的证明效力。公证机关以国家名义进行的公证证明活动，具有特定的法律权威和法律效力，同时不受行业、国籍、职业等限制，具有广泛的通用性。

（2）公证书是一种非诉讼性的法律文书。它的证明对象是法律行为、具有法律意义的文书和事实，这和审判机关制作的诉讼文书不同。

（3）制作公证书的目的在于维护公民、法人和其他组织的合法权益，从而稳定社会经济秩序。

四、公证书的结构与写法

1. 标题

公证书的标题，有的直接写"公证书"或"证明书"；有的根据证明的事实和文书来确定，如"委托证明书""出生证明书""结婚证明书"等。

2. 编号

公证书的年份、公证机关的简称或编号，位于标题右下方。

3. 正文

公证书的正文应根据具体证明事项来写。公证书在样式上有的以"兹证明"三字开始，然后写出所要证明的内容；有的以"查"字始，先写出所要证明的内容，再另起一行写"特此证明"四个字。公证书的用语要求准确、明了、通俗。

4. 尾部

公证书的尾部应写上公证机关名称加盖公章、公证员姓名、公证书制作日期。

五、公证书的写作要求

（1）一事一证。

（2）当事人的出生地一般只写省、县（市）名称。如果名称有变化，应写出生时的名称；如果出生时的地名已经不在，在地名前加"原"字。年龄以公历出生年月日表示。

（3）内容要具体，不能模棱两可、含糊其辞，以免引起纠纷。

（4）语言要准确、简洁、精练、通俗易懂。

思考题

1. 公证书的性质是什么？
2. 公证书的种类是怎样划分的？
3. 公证书的写作有什么要求？

| 第二模块 |

演讲口才

学习演讲口才是为了让我们能够更好地表达自己的思想,申明自己的主张,更好地与他人进行沟通。这一模块的学习,要求同学们能具备用普通话准确、清晰、流畅地表达思想的能力;能够理解态势语言、类语言和手语作为辅助性语言的重要作用;能够掌握演讲、辩论、播音主持等语言表达方式的基本技能,以便使同学们在将来的工作中获得更多的展示自己才华的机会,促进事业和理想能够不断取得更大的成功。

第五章 语言类型

这一章要讲的语言类型是指语言表达方式。

在人类漫长的进化过程中，相互之间的交流方式有一个从类语言到态势语言，再到基本语言的创造演化过程。尽管每一次新的语言表达方式被创造出来之后，都会使人类发生一次革命性的巨大进步，但是，原有的语言表达方式并不会因此被彻底废弃或完全替代，而是进一步成为新的语言表达方式的助手，使新的语言表达方式更加完美、更加丰富多彩。这就是我们需要研究语言类型分类的必要性原因。本书从当今时代社会发展的需要出发，将语言类型划分为基本语言、态势语言、类语言和手语等四个类型。

第一节 基 本 语 言

一、基本语言的含义

基本语言是由词汇按照一定的语法构成的语音表义系统。基本语言的构成包括三个必备的要素，即"语音、语法和词汇"。就我们国家的基本语言来说，它的语音、语法和词汇，也就是汉语的语音、语法和词汇，二者的原理完全是一体的。但是，作为两门作用不同的使用工具，其表述内容的侧重点又有所不同。基本语言强调的是听觉功能，重点研究语音的讲话技术，而汉语强调的则是视觉功能，重点研究语言的写作技术。

二、基本语言的特征

（一）有声性

基本语言靠各个语言单位发出的语音来表情达意，并且根据表达内容的需要，声音产生高低、快慢、升降和起伏的变化。

（二）通俗性

相对于书写表达来说，基本语言的语音表达更加通俗、平易、自然，表达时灵活自如，生动形象。

（三）灵活性

基本语言的表达是在说与听中进行的，可以根据地点、人物、话题的需要作出灵活的变动与调整。

三、基本语言的使用要求

（一）准确

准确就是按照国家推广的普通话要求做到语音正确、语法规范、词汇丰富合理。
（1）以北京语音为标准，发音准确，吐字清晰。
（2）以北方方言为基础，概念明确，内涵丰富。
（3）以现代汉语语法为规范，用语通俗，符合现代汉语语法修辞原则。

（二）简洁

简洁就是要求以最简练的语言把意思表达清楚。
（1）紧扣话题，突出重点。
（2）语脉清晰，层次明确。
（3）逻辑性强，有说服力。
（4）不含糊其辞，不重复啰唆。

（三）生动

生动就是说话感人，有磁性。
（1）运用多样的表达方式。如运用口语化、个性化语言，多选用歇后语、成语、谚语、惯用语等；运用修辞手法，使用比喻、比拟、夸张、借代等手法；句式变化多样，灵活选用主谓句与非主谓句、单句与复句、常式句与变式句、长句与短句等；巧妙运用叙述、抒情、议论等手法。
（2）使用幽默风趣的语言。如讲笑话、讲故事，运用比喻、借代、双关、倒置、夸张、类比、错位等技巧，并且要与动作、表情、姿态相配合。
（3）创设形象感人的意境。根据交际的需要适当描绘所涉及事物的形态、色泽和所涉及人物的音容笑貌、性格特征、神态动作及人物的矛盾冲突等，使听者如临其境、如见其人，使表达增加情节性、形象性，富有生动活泼的情趣。

四、基本语言的技术训练

基本语言作为一个正常人的讲说技能,往往并不需要进行专门训练,只要经过婴幼儿时代的咿呀学语,就好像是自发地具备了这种能力。但是,随着年龄的增长,人们在学习、工作和生活中却发现,大家原有的自发讲说能力逐渐会拉开很大差距,并且直接影响一个人的进步和发展。因此,我们要想使自发的讲说水平跨越到一个新的高度,就需要经过严格的演讲口才专业技术训练。经过专业训练所获得的高水平演讲口才技能将会使你终身受益。

(一)语言发音器官辨识

语言发音器官由四类功能各异的器官系统构成。

(1)呼吸器官包括肺、膈肌和胸廓,它们为人的发音提供所必需的空气动力。

(2)发音器官包括声带、喉头,其作用是在空气动力推动下,发出可供吐字器官和共鸣器官加工的声音。

(3)吐字器官包括唇、齿、舌、硬颚、软颚、喉咙等,它们对发音器官产生的声音进行加工,形成具有不同意义的语音。

(4)共鸣器官由喉腔、咽腔、口腔、鼻腔、头腔、胸腔构成,它们对装饰语音、扩大音量和美化音色具有不可忽视的作用。

人体语言发音器官如图 5-1-1 所示。

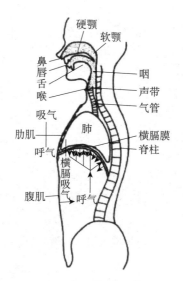

图 5-1-1 人体语言发音器官

(二)气息训练

1. 气息训练的主要方法

胸腹联合呼吸法是讲话时正确的呼吸方法,主要由胸腔、横膈肌、腹肌联合控制气息。说话时，呼吸控制好，气息流畅，说话的效果就好；反之，呼吸控制不好，气息不流畅，就会出现很多发音问题。

（1）吸气。用鼻子吸气，两肺底部的横膈膜向下运动，胸腔自然扩张，腰部、腹部有意向外扩展，可以感觉到腰带渐紧，气息充分地吸入身体。

（2）呼气。胸部放松，小腹自然收缩，横膈膜向上运动，将气息由肺部挤出，完成发声过程。

2．气息训练的注意事项

（1）吸气要迅速，呼气要缓慢、均匀，吸入的气量要适中。

（2）换气自然，在说话的自然停顿处换气。

（3）说话时保持呼吸顺畅的姿势，舒肩展背，胸部稍向前倾，小腹自然内收。

3．气息训练的辅助方法

（1）闻花香：好像眼前有一朵花，香气四溢，深深吸进，控制一会儿，缓缓送出。

（2）深深吸口气，模拟吹桌面上的灰尘。

（3）咬紧牙关，吸气后，从牙缝中发出"咝　"声，要求平稳均匀。

（4）数数，从一数到十，循环往复，一口气能数多少遍就数多少遍，要清晰响亮。

（5）一口气反复念"吃葡萄不吐葡萄皮儿，不吃葡萄倒吐葡萄皮儿"。

（三）口腔训练

口腔灵活，说话才流利。通过口腔训练，可以使口腔在僵硬的状态下快速灵活起来。

1．开合训练

口腔反复进行极限张开、闭合的练习。

2．咀嚼训练

张口咀嚼与闭口咀嚼结合进行，舌头自然放平。

3．双唇训练

（1）双唇闭拢向前、后、左、右、上、下移动，以及左右转圈。

（2）双唇叩响。

4．舌头训练

（1）舌尖顶下齿，舌面逐渐上翘。

（2）舌尖在口内左右顶口腔壁，在门牙上下转圈。

（3）舌尖伸出口外向前伸，向左右、上下伸。

（4）舌在口腔内左右立起。

（5）舌尖的弹练。

5. 喉咙训练

（1）打开喉咙，抬起软腭。

（2）发气泡音。

（四）共鸣训练

1. 共鸣原理和作用

（1）共鸣腔是决定音色的重要发音器官。

（2）直接引起语音共鸣的器官和部位是声带上方的喉、咽、口腔、鼻腔、头腔、胸腔。

（3）运用共鸣音讲话，可以使声音既丰满圆润、洪亮浑厚，又朴实自然、清晰真切，听起来富有"磁性"。

（4）用共鸣音讲话还可以保护嗓子，避免说话过多导致声音嘶哑。

2. 共鸣技法

语音的共鸣腔共有六个，其中喉腔与咽腔的共鸣基本可以自发形成，不必进行特殊训练。

（1）喉腔与咽腔共鸣。喉腔与咽腔距离声带位置较近，声带发出的原声很微弱，因此，不用训练，喉腔与咽腔就能自发产生共鸣效果。我们现在需要掌握的共鸣音，就是在喉咽腔自发共鸣的基础上进一步扩大音量，这种扩大喉咽腔共鸣的专业技术要领，主要体现在抬起软腭，打开喉咙，使喉咙始终保持在通畅、松活的状态上。

（2）口腔共鸣。口腔共鸣最主要的技术是发声时鼻咽部呼吸通道要关闭，不产生鼻息泄漏。发声时，抬起软腭，打开喉咙，唇齿舌配合口腔造型，声带咽喉上腭依次振动，携鼻音立起来从口腔吐出。

（3）鼻腔共鸣。鼻腔共鸣是通过振动上腭来实现的。当上腭放松时，鼻腔通路打开，口腔的某些部位关闭。鼻腔共鸣分为前鼻腔共鸣和后鼻腔共鸣两种，前鼻腔共鸣的发音位置在前鼻软腭，后鼻腔共鸣的发音位置在后鼻软腭。

根据汉语音韵学，声母23个 b、p、m、f、d、t、n、l、g、k、h、j、q、x、zh、ch、sh、r、z、c、s、y、w；韵母24个，其中6个单韵母 a、o、e、i、u、ü，8个复韵母 ai、ei、ui、ao、ou、iu、ie、üe，1个特殊韵母 er，5个前鼻音韵母 an、en、in、un、ün，4个后鼻音韵母 ang、eng、ing、ong。我们这里的鼻腔共鸣，就是指汉语音韵学的韵母与鼻腔共振的发声方法。

（4）胸腔共鸣。胸腔共鸣就是在发声时，下颚要自然下垂，喉咽部适当开大一些，把在硬腭上声波振动的反射点移向下齿背上，使声波在喉头和气管附近引起更多的振动，再由气管附近传送到胸腔引起共鸣。这时，似乎感觉到是把声音传到胸部去一样。

（5）头腔共鸣。头腔共鸣就是在口腔共鸣和鼻腔共鸣基础上，向下用力沉住气，鼓起小腹，再把鼻腔顶部之外作为发音位置。提起软腭，即"提小舌头"，打开喉咽腔，以气推声向上冲入头腔，使鼻窦、额窦、蝶窦等部位都同时产生振动。

3. 影响共鸣控制的弊病

（1）白声。共鸣位置过分靠前，口腔没充分打开，好像只用嘴皮子说话，因而声带发出的声音形不成共鸣。

（2）音包声。音位过分靠后，喉头张开得太大，结果声音很响，但声母不清。这种弊病俗称"喉音过重"。

（3）鼻音太重。由于软颚下垂，舌根抬起，阻挡了咽喉与口腔的通道，声音大部分从鼻腔里出来，俗称"囔鼻子"。

（4）未融为一体。在分别做过四个共鸣器的共鸣训练之后，还需将四种共鸣方法融为一体，做到从肚脐到口腔保持气息的畅通无阻，喉腔、咽腔、口腔、鼻腔、胸腔、头腔一齐打开，以气推声，获得"混合共鸣"的效果。

（五）吐字归音训练

吐字归音是中国传统戏剧艺术的一种发音方法。由于这种发音方法能够达到清楚、准确、完整、饱满的语音效果，也就是字正腔圆的效果，因此现在已经成为歌唱、演讲、播音等领域的必备专业知识和技术。

吐字归音把每一个汉字的发音过程都划分成三个阶段，即字头、字腹、字尾。与此相适应的要求也有三个，出字要求字头的声母发音部位准确、弹发有力；立字要求字腹拉开立起，做到"开口音稍闭，闭口音稍开"；归音要求字尾干净利落，不可拖泥带水。根据这些基本原理和要求，我们可以把汉语的发音训练分为两个部分，即吐字训练和归音训练。

1. 吐字训练

（1）吐字也叫"咬字"。吐字时首先要注意口型，该大开时不能半开，该圆唇时不能展唇，尽量使声音立起来。

（2）注意字头，字头是字音的开始阶段，要求叼住弹出。"叼住"要叼得巧而不死，过紧则僵，过松则泄；"弹出"要弹得轻捷有力，不粘不滞。发音要有力量，摆准部位，蓄足气流，干净利落，富有弹性。

（3）要用这一阶段的力量去带动字腹和字尾的响度，使声音立得住、传得远。

2. 归音训练

（1）归音是指字腹到字尾这个归音过程。归音时，唇舌的动程一定要到位，字腹要拉开立起，即在字腹弹出后，口腔随字腹的到来适度张开（共鸣主要在这里体现），然后收住，要收得干净利落，不拖泥带水。

（2）归音到位，才有韵味，普通话才地道。如"天安门"三个字归音时舌位要平放，归到前鼻音韵母 n 音上。不能归音时听不到 n 的尾音。

（3）归音到位与否对"字正腔圆"起到重要作用。但是，要注意"到位弱收"，不能用力过猛。

思考题

1. 基本语言的含义是什么?
2. 基本语言的使用要求有哪些?
3. 简述语音共鸣技法的主要内容。

第二节 态势语言

一、态势语言的含义

态势语言是人们在社会交往中以其姿态、表情和动作等来表达一定语义和进行信息传递的无声语言,又称体态语。

二、态势语言的特征

(1)补充性。态势语言是对有声语言的必要补充,可以有效提高口语表达的效果。
(2)直观性。态势语言直接作用于人的视觉,具有完全可见的表现形式。
(3)示意性。态势语言在使用中通过表情姿态向听众示意,使表情达意更加鲜明、突出、生动、形象。

三、态势语言的使用要求

(1)要与有声语言同步。
(2)要适可而止。
(3)要注意语境。
(4)要符合身份。

四、态势语言的训练

(一)手势语

手势语是指用手指、手掌、拳头和手臂的动作与造型来表情达意的一种体态语。

1. 手势活动的区域及其内涵

手势活动的范围有上、中、下三个区域。

（1）上区。肩部以上为上区。手势在这一区域活动，一般表达理想、希望、喜悦、激昂、祝贺等内容和感情。手势向内、向上，掌心也向上，一般表示积极肯定的意思。

（2）中区。肩部至腰部为中区。手势在这一区域活动，主要是叙事或说理，一般表示平静的思想和情绪。

（3）下区。腰部以下为下区。手势在这一区域活动，一般表达憎恶、鄙视、批判、失望等内容和感情。手势向外、向下，掌心也向下，传递的是消极否定的信息。

2. 手势语的意义类型

手势表达的含义很丰富，可以分为以下四种类型。

（1）情意手势主要用于表达带有强烈感情色彩的内容，加深听众对语句思想感情的理解，可以产生情深意切、感染力强的表达效果。

（2）指示手势主要用于指明具体的人、事物、方向或数量等。其特点是动作简单，表达单一，一般不带感情色彩。指示手势只能指示听众视觉可见范围内的事物和方向。

（3）象形手势主要用于模拟事物的形状，给听众一种形象化的感觉。

（4）象征手势主要用于表达一些比较复杂的感情和抽象的概念，使听众对抽象事物有一种具象感，启发听众的思维，引起听众的联想。

3. 手势运用的动作类型

（1）食指伸直，余指内屈，可以表达指示事物，或表示提醒听众需要特别注意的内容。

（2）手指向上，手掌张开，可以表示欢欣、请求、许诺或谦逊的意思。

（3）手掌抚摸身体的某一部分，击头表示后悔或痛苦；扶额表示深思；抚胸表示坦诚；抚手心表示焦虑。

（4）紧握拳头，或高举，或挥动，表示感情激动、意志坚定，或示威、报复。

（二）目光语

目光语是用眼神（瞳孔）和目光来表达情感、传递信息、参与交流的表情语言。

1. 目光注视的区域

（1）近亲密注视，视线停留在对方的双眼与胸部之间的区域。

（2）远亲密注视，视线停留在对方的双眼与腹部之间的区域。

（3）社交式注视，视线停留在对方的双眼与嘴部之间的区域。

（4）公务式注视，视线停留在对方的额头与双眼之间的区域。

2. 目光注视的时间

与人交谈时，视线注视对方面部的时间应占全部时间的20%～60%。

（1）超过这个平均值，会被认为对谈话本人比谈话内容更感兴趣。

（2）更长时间地盯着别人，还会被认为是一种失礼或挑衅的行为。
（3）低于这一平均值者，则表示对谈话内容及谈话本人不感兴趣。
（4）长时间地不看对方，往往意味着有不愿让对方知道的隐秘的事。

3. 目光注视的方式

目光注视的方式多种多样，如斜视、扫视、窥视、正视和环视等，言语交际中以正视和环视为宜。
（1）斜视表示轻蔑。
（2）扫视往往显得不尊重。
（3）窥视表示鄙夷。
（4）正视表示尊重和庄重。
（5）环视可以全面照顾不致使他人产生冷落感。

（三）微笑语

微笑是通过面部笑容传递和善、友好信息的一种特殊的无声语言，在交际中起着重要的作用。

（四）体姿语

体姿主要指站姿、坐姿、走姿。体姿不仅可以强化口语信息的表达效果，还可以反映一个人的气质、风度、素养和内心活动。

正确的体姿应该是：站时，两脚基本平行，与肩同宽或相当自己的两个拳头宽，挺胸收腹；坐时，收腿、平肩、直腰、身正；走时，挺胸抬头，目视前方，步态从容，手臂自然摆动。

思考题

1. 为什么要使用态势语言？
2. 态势语言与基本语言的关系是什么？

第三节 类 语 言

一、类语言的含义

类语言又称副语言，是人们在交际过程中所使用的一种有声音但无固定意义的语言，具体表现为：一方面是伴随基本语言出现的声音特性，如停顿、重音、快慢、语调等；另一方面是表意的功能性发声，如笑声、哭声、呻吟声、叹息声、咳嗽声、哼声、啧啧声、叫声、掌声、口哨声等。

二、类语言的运用

（一）语调

语调是指说话时因情感和表达的需要，在声音处理上表现出来的高低、升降、曲直的变化。不同的语调能表达不同的思想感情。

1. 平直调

整个句子始终保持同样的音高，没有高低升降的变化。平直调表现说话人的感情平静，一般用于叙述、说明、解释或庄重、严肃的场合。

2. 高升调

句子的音高由低到高，句尾上扬。高升调表现说话人感情激烈、紧张或兴奋，一般用于鼓励、号召、疑问、反问、呼唤等场合。

3. 降抑调

句子的音高由高到低，句尾逐渐下降。降抑调表现说话人坚决、自信、祝愿、恳求等感情。

4. 曲折调

句子音高先降后升或先升后降，有明显起伏。曲折调表现讽刺、挖苦、说反话、故意挑逗、违心吹捧等情绪。

（二）语速

语速是指讲话的快慢缓急，即单位时间里吐字的多少。一般来说，快速说话每分钟在 200 字以上，中速说话每分钟 180 字左右，慢速说话每分钟约 150 字。语速快慢要根据表达的内容、情感而定。

1. 快速

快速说话表现激动、紧张、兴奋、喜悦、愤怒、惊恐等感情和内容。

2. 中速

中速说话用于一般性的叙述、说明。

3. 慢速

慢速说话表现悲伤、忧郁、失望、思索、迟疑等感情和内容。

类语言中的速度运用有时还需要有对语速的特殊处理，需要打破常规，该快时慢，该慢却快，于超常之中追求一种神奇的效果。

控制语速要遵循两条基本原则：一是视内容需要而定；二是要做到急缓相间，富于变化。

（三）停顿

停顿是节奏的特殊处理，是语流中声音的暂时中断。恰当地处理停顿，可使语言表达显得节奏自然、间歇有序，语意层次分明。

1. 语法停顿

语法停顿是指为体现句子、句群等结构关系而做的停顿。标点符号、段落是语法停顿的标志。

2. 逻辑停顿

逻辑停顿是指在没有标点符号的地方，为了强调内容所做的停顿。

（四）重音

重音是指句子中说得较重的词或短语。重音主要通过音强与音高来表现，对重音词在咬字的音量和力度上显得重一些。重音的表达方式主要有轻中加重、低中见高、快中显慢、重音轻说、一字一顿。

（五）笑声

笑声是通过声音传递信息的手段，是人们内心情感的外部显示。笑声本身有一定的含义，但如果它伴随有声语言出现时，其含义会更明白、更丰富。

笑声在交际中发挥着重要作用，主要表现为以下几点。

（1）笑声能缓解僵局，消除尴尬，营造交际氛围。
（2）笑声表示委婉的拒绝。
（3）笑声表示赞许、肯定和承认。
（4）笑声表示讽刺、愤怒等。

（六）叹气

叹气也是一种功能性的发声。叹气表示一种心态，从而带有一种明确的含义。叹气的含义也是多样的，有时高兴，有时激动，有时敬重，有时坦然，有时痛苦。叹气往往伴随一些叹词而产生，并由于声调的不同、音长的差异、轻重的变化而表达出不同的情绪。

（七）掌声

掌声是拍手击掌而发出的声响，表达的意义是"赞扬、认可、欢迎、喜悦"等，这是掌声的通常含义。相反，若是"鼓倒掌"，也叫"喝倒彩"，它表示的意义是不满、讨厌、愤怒等。

 思考题

1. 类语言为什么是一种特殊的语言？
2. 类语言有什么作用？

第四节　手　　语

一、手语的含义

我们这里所谓的手语，也就是"哑语"。它是专指在聋哑人的交际环境中，以手的动作配合面部表情、按照一定的语法规则来表达沟通思想的特殊语言。随着手语的推广，它也逐渐成为基本语言的助力方法。

二、手语的特性

（1）手语是无声语言，只作用于人的视觉器官。
（2）手语把人的思想物化在具体的手势动作和表情中。
（3）手语在反映现实事物时具有很强的形象性。
（4）手语中的词汇主要依托于基本语言中的词汇。就这一点来说，手语不是独立的语言符号系统。
（5）与态势语言中的"手势语"相比，手语的语义是固定的，而"手势语"的语义则不是固定的。

三、手语的构成

（一）单手手语与双手手语

1. 单手手语

单手手语是用单手表达意思。

2. 双手手语

双手手语需要双手配合，主要有以下三种情况。
（1）双手做出相同动作，这些动作可以同步进行，如"帮助""健康"；也可以交替进行，如"步行"。

（2）一只手处于主导地位，称为主导手，另一只手称为非主导手（辅手），但两只手都做出相同的手形，如"批评"。

（3）一手为主导手，另一手为非主导手（辅手），但双手手形不同，如手语"爱"，左手伸拇指，右手轻抚左手拇指指背，其中右手为主导手。主导手变化多，手形相对复杂，而非主导手变化少，手形相对简单。大多数情况下，人们通常以右手为主导手，而左利手的人在打手语时则需做出相应的调整。

（二）手形

手形是指手的形状，包括手指的数量、手指组合和手指形态等。例如，握拳、伸拇指、五指张开等。我国手语的基本手形超过 40 种。

手形是构成手语词汇的核心部分，手形不同，即使其他参数相同，手势的意思也会完全不同。例如，在我国手语中"妈妈"一词的打法是"右手食指竖起，指尖左侧贴在嘴唇上"，而"爸爸"一词的打法是"右手拇指竖起，指尖左侧贴在嘴唇上"，两个词语的表现位置、运动方式相同，而手形不同，意思就会有明显的区别。

不同的手形表示不同的含义。例如，伸拇指的手形通常表示褒义（如好、优点等），而伸小指的手形则通常表示贬义（如坏、脏等）。

（三）位置

位置是指打手语时运动的区域。

通常情况下，打手语时的位置在额部以下，腰部以上，两肩以内，距胸前两掌宽的空间范围内。

有些手势动作则需按表达的需要在其他适当位置上打出，如"天空"的手势动作是伸食指在头前上方旋转一圈。

手势的位置可以在几个不同区域，如头部、面部、颈部、肩部、胸部、腰部等。

不同的区域表示不同的语意。例如，头部位置通常与大脑活动相关，相关的手语词汇有"想""梦想""聪明"等。

手形相同，而位置不同，手势的意思也会发生变化。例如，一手伸出拇指，表示"好"；伸拇指贴于胸前，表示"先生"；伸拇指贴于嘴唇上，表示"爸爸"。

（四）手掌朝向

手掌朝向是指掌心所面向着的平面，及有关手腕和前臂状况的朝向特点。例如，手掌可以朝向上、下、左、右、前、后等不同方向。手势的朝向不同，意思会有很大的区别。例如，用手语表达"帮助"，双手斜伸，掌心向外，按动两下，表示给人帮助；而若需要表达"帮助我"时，则将手掌朝向自己。

（五）运动

运动是指手势在空间进行不同方式的活动，包括手形、位置、朝向的变化及动作的形状和路径等。例如，手指闭合或张开，五指由撮合变为张开，在我国手语中这个手势表示"花"或"开花"；而五指由张开变为撮合，则表示"花落""组""族"等意思。

运动方式不同，语意也随之发生变化。例如，手语中"河"与"路"的手形、位置、朝向相同，但两者的运动方式不同。用手语表达"河流"时，双手向前做曲线移动；表达"道路"时，双手向前做直线移动。

（六）表情和姿态

表情和姿态等非手控特征不仅可以表现人的各种情绪，还可以表达不同句型。例如，表达肯定句时，往往伴随点头的动作；表达疑问句时，常伴以眉毛上扬、头微侧、身体前倾等动作。

（七）其他构成要素

手势动作的幅度和力度也是手势的重要组成部分。例如，用手语表达"风"时，动作幅度小、速度慢，表示"微风"；动作幅度变大、速度加快，则表示"大风"。

手语的构成要素相互配合构成手语词汇，其中手形是核心部分，其他要素以手形为依托，基本构成要素中任何一点不同都会导致词语意思发生变化。

四、手语的语法规则

（一）手语的语序

1. 先打出外界感受到的某种信息，再打出由这种信息引出的反应

汉语：我很高兴见到你。
手语：见到你／我高兴／很。
先表达出具体的事件或信息，然后表述自己对事件或信息的感想等。

2. 先打出被修饰、限定的名称，再打出表示修饰、限定的词语

汉语：我想买红色的裙子。
手语：我／想买裙子／红色。
通常先把重要的、需要强调的信息先表达出来，然后表达较为次要的修饰性信息。

3. 否定词倒置

汉语：我不会踢足球。
手语：我／踢足球／不会。

4. 疑问句中常常先打出被疑问的事物，疑问词放在最后

汉语：你叫什么名字？

手语：你 / 名字 / 什么？

（二）类标记

手语中的某些手形可以代表某一类或某几类事物，这些手形通常与位置、朝向、移动方向及表情、体态相结合，在句子中起到谓语的作用。如 Y 手形可以是表示人的类标记。两手打出 Y 手形，拇指指尖朝上，小指指头朝下，同时由中间一顿一顿向两边运动表示"许多人坐成一排"。

类标记在手语中运用得比较广泛。可以用手形代表某一类物体，如可以用 Y 手形表示"人"；也可以用手形代表形状，如 O 手形可以表示比较细的管状物，还可以表示如何操作物体。D 手形可以表示捏着比较细的物体，"用扇子扇风"的手语表达方式就是用 D 手形在头边摇晃，模仿用手捏着扇柄摇扇子的形象。某些手形还可以表示身体的某一部分，如"踢足球"的手语表达是左手拇指、食指捏成圆形，右手食指、中指交替踢向左手小圆，其中食指、中指代表人的两条腿。

（三）动词的方向性

手语中有一类动词的手势动作具有方向性，手势动作的方向发生变化，句子的主语和宾语的关系也相应发生变化。例如，打出"帮助"这个手势动作时，掌心朝外表示"我帮助你"，掌心朝内则表示"你帮助我"。这一类动词被称为方向性动词，也被称为"一致动词""呼应动词""予夺动词"。

给、帮、欺负、借等都属于这一类动词，注意用手势动作表达这类动词时方向要与主语或宾语的空间位置保持一致。

（四）量的表达

手语中数量的表达方式与汉语有比较明显的区别，手语表达时通常不使用量词，在表达顺序中先打出名词，后打出数词。

汉语：我买了两条鱼。

手语：我买了 / 鱼 / 二。

在这句话中，不使用量词"条"，同时先打出名词"鱼"，后打出具体的数量"二"。

在疑问句中表达数量时，同样先打出名词，再打出"多少"。

汉语：你买几条鱼？

手语：你买 / 鱼 / 多少？

五、手语使用注意事项

（1）忠于原意。翻译时不应随意夹杂自己的语言和观点。

（2）位置适当。通常双手应置于胸前部位，不宜放在口部或腰部，站位要适宜。

（3）幅度适中。不宜过分夸张或小气拘谨。

（4）手口同步。边打手语，边显示口型。

（5）节奏适度。在句子、段落间稍有停顿，注意节奏分明，速度适宜。

（6）双手同用。双手拼打的手势，不宜长时间单手拼打。

思考题

1. 手语的语法规则是什么？
2. 学习手语有什么意义？

第六章 口才技巧

口才是语言素养的表现，也是语言技巧的展示。口才表达技巧体现了人类的智慧，揭示了口语表达的规律，可以让同学们在交际中获得事半功倍的效果。本章将介绍在口语运用中常用的五种表达技巧：叙事说理技巧、修辞逻辑技巧、演讲技巧、辩论技巧和播音主持技巧。掌握这些技巧和方法能够更好地提高同学们的口语表达能力。

第一节 叙事说理技巧

一、叙事技巧

完整地叙述一件事情就是叙事。叙事在口语表达中非常重要，交谈、演讲、辩论等都离不开叙事。叙事的方法和技巧主要有以下几种。

（一）略说与详说

1. 略说

略说也叫概说，就是用简洁、概括的语言概述事件的过程，勾画出整件事情大致轮廓的方法。略说只需要叙述事情的总体和全貌，不需要描述细节，语言要求简练。

2. 详说

详说就是详细地叙述事情的全过程，展示事情的细节。详说需要用描述性的、生动的、形象的语言，把人物、事件、场景的状态、特征、过程等细致地描绘出来，产生真实感人的表达效果。

在口语实践中，需要将略说与详说交替运用，做到详略得当、疏密相间。这种叙事技巧的一般规律：与主题联系密切的要详说，反之要略说；事情的高潮要详说，过渡要略说；能创造气氛感染听众的要详说，平淡的要略说；鲜为人知的要详说，人尽皆知的要略说。

（二）顺说与逆说

1. 顺说

顺说就是按照事情发生发展的客观顺序进行叙述。常用的顺说顺序有时间顺序、空间顺序和事情的起因、经过、结果等顺序。

2. 逆说

逆说就是倒序的叙事方法，从事情的高潮或是结果开始叙述，然后再交代事情的起因、经过等内容。逆说可以制造悬念，产生引人入胜的效果。

在叙事中，顺说和逆说也可以交替进行，讲话者要根据讲话主旨的需要灵活处理。

（三）拙说与巧说

1. 拙说

拙说就是用朴实无华、通俗易懂的语言讲述事情，给人自然亲切、真实可信的感觉。

2. 巧说

巧说就是运用多种叙事技巧讲述事情。在叙事中，通过设置悬念、巧用修辞、变换语音语调、使用态势语言等方法达到引人入胜的效果。

（四）波澜与高潮

1. 波澜

波澜是指讲述的事情一波三折，而不是平铺直叙。设置波澜的方式有设置悬念、制造起伏、有张有弛、断续交替。

2. 高潮

高潮是事情发展中矛盾冲突最激烈的阶段。在事情的发展过程中，通常都会有高潮阶段，在叙事中，将高潮阶段生动地叙述出来，会对听众产生较强的感染力。如果事情没有明显的高潮，可以将事情经过中的亮点，如感人的细节、特殊的氛围、闪光的语言等作为高潮进行叙述。

二、说理技巧

说理就是讲道理。说理是一种运用抽象的思维形式，以概念、判断、推理等逻辑手段去揭示生活本质的口语表达方法。

（一）说理性口语表达的基本要求

（1）从讲话者方面来说，态度要认真、自信、客观、公正。

（2）从说理内容方面来说，观点要鲜明，论据充分可靠，论证严密。

（3）从话语表达方面来说，说理性语言要求准确、鲜明、简练、生动。

（二）说理常用技巧

1. 分析法

分析法是通过对问题的分析和剖析，揭示事理间的因果关系，从而让人接受自己的观点。

2. 直驳法

直驳法是以确凿的事实和无可辩驳的道理直接证明对方的论点或论据的错误，从而驳倒对方。

3. 举例法

举例法是运用典型事例说明事物特征的一种方法。它能够将一些复杂的事物或事理说得更具体明白，易于理解。运用举例法需要注意以下几点。

（1）举例要真实，如果事例虚假就失去了说理的基础。

（2）举例要恰当，即所述事例及其所包含的意义与观点要吻合。

（3）举例要典型，所引事例要反映事物的本质，具有代表性和说服力。

（4）举例要深刻，能够从事例中揭示启人心智的道理，引发人的深入联想，产生新的感悟。

4. 类比法

类比法是用一类事物所具有的某种属性，推测出与其类似的另一事物也应具有这种属性的推理方法。例如，赤铁矿都是在水的作用下形成的，我们现在已经发现了火星上有赤铁矿，因此可以推断火星上曾经有水。

类比法说理要注意的是，所比之事所包含的道理一定要与自己得出的新观点相吻合、相贴切，不能牵强附会，也不能搞机械类比。

思考题

1. 叙事在讲话中有什么作用？
2. 说理在讲话中有什么作用？
3. 如何提高叙事说理的能力？

第二节　修辞逻辑技巧

一、修辞技巧

修辞就是运用各种修辞格，使语言表达更加生动、形象的方法。常用的修辞技巧主要有以下几种。

（一）比喻

比喻就是打比方的修辞格。在语言表达中，比喻可以把生疏的、抽象的、深奥的事物比作一个熟悉的、具体的、浅显的事物，使表达更加形象、生动，让难以理解的事物变得容易理解和接受。

运用比喻技巧时，要注意比喻必须具备的两个条件：一是本体和喻体应该是不同的东西，两者有质的差异，否则就成了类比；二是两者之间又要有某种相似之处。通常情况下，本体比较抽象、深奥，是交际和说辩对象感到生疏的；而喻体则比较具体、浅显，是人们所熟悉的。

（二）比拟

比拟就是把物比作人或是把人比作物，或是把此物比作他物的一种修辞技巧。比拟能激发人的联想，使语言表达具有形象感和生动感。常用的比拟有拟人和拟物两种。

比喻与比拟的主要区别：比喻是找出与本事物有相似点的另一事物，然后将本事物比作另一事物，如弯弯的月亮就像一艘小船；比拟是将另一事物具有的特性用于本事物，如蒲公英随着风婆婆高低起舞。

（三）夸张

夸张就是在客观上对事物进行夸大或缩小的修辞技巧。夸张可以强调突出事物的特征，使被描述的对象更加生动传神。常用的夸张有夸大夸张和缩小夸张两种。

夸张的使用要注意以客观事实为基础，反映客观事物的本质特征。

（四）双关

双关是在一定的语言环境中，利用语音或语义而表现双重意义的修辞技巧。其特点是利用汉语词语的多义性或谐音，让一句话中包含两种可能的解释，即表面的意思和暗含的意思，其中暗含的意思才是说话者所要表达的真正意思。运用双关技巧，可以使话语含蓄委婉，蕴含弦外之音；又可以借题发挥，即物述怀，让话语幽默风趣；还可在辩论中使语锋辛辣犀利，既应对巧妙，又出语深刻。

常用的双关有谐音双关、意义双关和对象双关。

二、逻辑技巧

语言表达必须符合逻辑，才能达到让人听懂、接受的目的。逻辑技巧的运用要注意以下几点。

（一）对话题进行逻辑分析

在进行重要的讲话前，要先对准备讲话的话题进行缜密的逻辑分析，弄清楚讲话的主题是什么，使用的材料有哪些，主题与材料、材料与材料之间的关系是什么。

（二）语言表达具有逻辑层次

根据讲话的目的，安排好讲话内容的先后顺序，先讲什么，后讲什么，每一部分之间的衔接等都要有严密的逻辑关系。

（三）运用好逻辑方法

常用的逻辑方法有以下几种。

1. 归谬法

归谬法就是先假定某一观点是正确的，然后沿着对方的逻辑把其观点推向极端，引出荒谬的结论的逻辑推理方法。

2. 演绎法

演绎法是从一般到特殊的推理方法，即基于某种规律推断出个别情况。例如，已知火车经过这里都鸣笛，因此远处正在开过来的火车到这里也会鸣笛。

3. 归纳法

归纳法又称"归纳推理"，与演绎法相比，归纳法是一种由特殊推断出一般的推理方法，即基于个别观察和实例推断出普遍规律。例如，当你观察到多个火车经过这里时都会鸣笛，因而得出结论，所有火车经过这里都鸣笛。

4. 二难推理

为了驳倒对方的观点，先巧妙地提出与其论点相关的两种可能性判断，迫使对方在两种可能中加以选择，而不论对方是肯定或否定其中的哪一种可能，结果都会陷入进退维谷、左右为难的境地。这样的逻辑技巧便是二难推理。

二难推理是由假言推理和选言推理结合起来的推理形式。其大前提是两个假言判断，小前提是选言判断，它在前提中提供两种选择的可能性，而不论选择哪一种可能，都得承认所推出来的结论。

运用二难推理的逻辑技巧要遵循两条原则：第一，要遵循假言推理和选言推理的规则；第二，假言前提的前件必须是后件的充分条件，选言前提的选言判断必须穷尽一切可能。

思考题

1. 运用修辞在口语表达中能达到什么效果？
2. 如何使说话具有逻辑性？

第三节　演 讲 技 巧

一、演讲的含义

演讲是指在公众场合，以基本语言为主要手段，以态势语言、类语言、手语等为辅助手段，针对某个具体问题，鲜明、完整地发表自己的见解和主张，阐明事理或抒发情感，进行宣传鼓动的一种语言交际活动。

二、演讲的类型

从内容上分，演讲可分为政治演讲、生活演讲、竞选演讲、学术演讲、法庭演讲等。

从形式上分，演讲可分为命题演讲、自由演讲；备稿演讲、即兴演讲；他撰稿演讲、自撰稿演讲。从形式上划分的演讲，也可以用图 6-3-1 所示的方法分为三个层级。

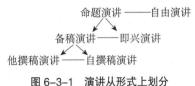

图 6-3-1　演讲从形式上划分

从场所上分，演讲可分为会场演讲、课堂演讲、广播演讲、电视演讲等。

三、演讲的准备

（一）选择演讲话题

1. 自己熟悉的话题

选择演讲自己熟悉的话题，一方面可以在演讲时有话可说，可以讲得深入、透彻；另一方面可以增加演讲者的自信心。

2. 听众有兴趣的话题

选择听众有兴趣的话题,可以很好地吸引听众的注意力,有利于听众对演讲者的接纳和认可。

在无命题的演讲中,演讲话题的选择如果能同时满足以上两点,就为演讲的成功奠定了良好的基础。

(二)确定新颖的演讲主题

主题与话题不同,演讲的话题是演讲者打算讲的某一方面的问题,而演讲的主题是对这一问题提出的具体观点和态度。

1. 确定主题的要求

确定演讲主题是指能对演讲话题讲出自己独到的见解和体会,能够言之成理。

2. 确定主题的步骤

(1)列出对所讲问题的所有想法。
(2)找出其中较为独特的想法。
(3)为这些独特的想法找出充分的理论和事实。

(三)撰写演讲稿

1. 标题

(1)标题的类型:揭示主题型、提出问题型、划定范围型。
(2)标题的要求:积极、新颖、简洁。

2. 开头

(1)开门见山式,直接揭示演讲的主题,在政治性或学术性的演讲中常用。
(2)提问式,开头提出问题,可以引发听众的思考,吸引听众注意力。
(3)引用式,引用名言警句、诗词歌赋或俗语谚语等,令人信服。
(4)故事式,开头讲一个简短的故事,引入主题,形象生动。
(5)抒情式,用抒情的语言为演讲奠定感情基调,引发听众的共情。
(6)幽默式,开头讲一个笑话或是幽默故事,让听众带着轻松愉悦的心情进入演讲。

3. 主体

主体是演讲的核心部分,要通过精心挑选的材料讲清楚道理,说明白问题,向听众揭示主题。演讲的主体应内容紧扣主题;层次分明,逻辑清晰;创设高潮。

4. 结尾

(1)演讲结尾常用的方法如下。
① 总结式,扼要地总结演讲的内容,起到提醒、强调的作用,给听众留下完整的

印象。

② 感召式，提出希望、发出号召、表达决心等，激发听众的情感，鼓舞听众。

③ 引用式，引用名言或诗句结尾，深化主题，引发听众的深入思考。

④ 抒情式，以优美的语言直抒胸臆，用真情打动和感染听众。

（2）演讲结尾的禁忌如下。

① 忌草草收场，敷衍了事，如同蛇尾。

② 忌拖泥带水，画蛇添足。

③ 忌精疲力竭，底气已尽，好像疲驴。

④ 忌故作谦虚，言不由衷。

（四）反复演练

要想让演讲获得成功，必须在正式演讲前进行反复的演练。通过演练记熟演讲内容，设计态势语言，不断完善自己的演讲，增强自信心。

四、演讲的临场技巧

由于主客观因素的影响，在进行现场演讲的时候可能会出现一些突发的状况，掌握处理临场突发状况的技巧，可以保证演讲的顺利进行。

（一）怯场的处理

产生怯场的原因，一方面是演讲者准备不充分，对演讲没有信心；另一方面是在演讲前患得患失，过度紧张，影响自己的情绪。因此，要克服怯场的情绪，可以采取以下做法。

（1）准备充分。在正式演讲前做好充分的准备，通过反复演练熟悉演讲的每一个环节。

（2）自我暗示。在上场前给自己一些积极的心理暗示，进行自我鼓励。

（3）做深呼吸。通过深呼吸缓解自己的紧张情绪。

（二）忘词的处理

在演讲中突然忘词了，不能让演讲就此中断或是匆匆结束。忘词的时候，可以采取以下做法。

（1）提出问题，让听众思考，自己快速回想遗忘的内容。

（2）插入适当的内容，快速回想遗忘的内容。

（3）跳过遗忘的内容，接着讲记得的内容，后面想起来可以再补充讲遗忘的内容。

（4）重复一下刚讲过的内容，快速回想遗忘的内容。

（三）失误的处理

在演讲中说错话了，如果错误是非原则性的，对演讲的内容没有影响，可以忽略，继续后面的演讲即可。但如果出现了原则性的错误，对演讲内容产生了影响，就需要进行纠正，可以采取以下做法。

（1）按照正确的内容再讲一遍。
（2）提出反问，"这样讲对吗"。

（四）冷场的处理

在演讲中，发现听众对演讲的内容毫无兴趣，反应冷淡，心不在焉，就是出现了冷场。遇到冷场，可以采取以下做法。
（1）讲述趣闻，活跃现场气氛。
（2）赞美听众，求得共鸣和好感。
（3）制造悬念，激发听众兴趣。
（4）提出问题，吸引听众注意力。

（五）搅场的处理

搅场就是在演讲中出现有人故意捣乱的情况。出现搅场时，演讲者应该迅速分析原因，并有针对性地做出处理。
（1）有听众故意找茬，进行捣乱。对此，演讲者要从容不迫，坚定信心，坚持完成演讲。
（2）演讲质量不高，引起听众不满。对此，演讲者要及时调整演讲内容，或者改变表达方式，让听众情绪得到平复。

（六）侵场的处理

侵场是指在演讲中突然出现某种外在因素侵入现场，影响演讲的正常进行。例如，在演讲时停电、麦克风发出异响、在室外演讲时突然下大雨等。这些突发的情况可能会引起听众情绪的波动或者现场出现混乱，对演讲产生不利影响。遇到侵场时，可以采取以下做法。
（1）沉着冷静，主动适应。
（2）巧妙利用，轻松化解。

（七）难场的处理

难场是指在演讲中，听众对演讲者提出质疑，甚至产生相反的意见，当场进行批驳。对此，演讲者要控制好情绪，不要发生争吵，也不要置之不理，可以采取以下做法。
（1）尽己所能，认真解释、回答对方提出的问题。
（2）如果确实回答不了，应该向对方表达歉意。
（3）提议演讲结束后与对方单独交流。

思考题

1. 如何做到在演讲的开场吸引听众？
2. 演讲的高潮部分怎么设置？
3. 演讲中忘词了怎么处理？

第四节 辩论技巧

一、辩论的含义

辩论是对立双方围绕同一问题，用一定的理由来说明自己的观点正确、说服对方或者战胜对方而相互论争的过程。

二、辩论的原则

（一）求是原则

（1）尊重事实。
（2）服从真理。

（二）平等原则

（1）论辩者在人格上的平等。
（2）辩护和反驳的权利平等。

（三）同一原则

（1）概念要同一。
（2）论题要同一。
（3）前后思想要同一。

三、辩论的类型

（一）日常辩论

日常辩论是指人们在日常生活中发生的辩论。这种辩论在日常生活中随时随地都可能发生，是一种即兴的、无准备的辩论。进行日常辩论要注意把握以下三个原则。

1. 辩论的论题要有意义

日常生活中的辩论主要有两类：一类是原则性问题；另一类是非原则性的日常琐事。对于原则性的问题，需要通过辩论来明辨是非、批驳谬误，这种辩论是必需的。对于日常琐事，则没有辩论的必要。

2. 辩论要大度有礼，互相尊重

辩论的各方在论战中要控制情绪，互相尊重，注意礼貌，避免因情绪激动引起言语过激，发生争吵。对于一些非原则性问题，可以主动让步，体现大度胸怀。

3. 辩论方式要巧妙严谨

为了不使辩论各方的矛盾激化，可以不从正面去反对、驳斥对方的意见。在辩论中，先笼统地承认对方的观点，然后表明己方的观点。

（二）专门辩论

专门辩论是指在特定场合下具有特定目的和特定要求的辩论，包括法庭辩论、谈判辩论、学术辩论等。在进行这样的辩论时，需要有特定的专业知识和职业身份。在辩论中要把握不同的要求，运用不同的方法。

（三）赛场辩论

赛场辩论是作为竞赛项目来进行的一项口才演练活动。为了获得比赛的成功，需要注意以下问题。

1. 基本特征

（1）规则性。赛场辩论作为一种竞赛，要严格按照比赛的规则进行。
（2）公平性。赛场辩论中辩论双方的地位平等，机会均等。
（3）竞争性。赛场辩论最终要分出胜负，具有很强的竞争性和观赏性。

2. 基本要求

（1）观点对立。
（2）反应快速。
（3）论述严密。
（4）语言简洁。

四、赛场辩论通行方案

（一）赛场辩论的规则

1. 辩题事先设计

辩论的题目由比赛组织者事先设计，常以针锋相对的形式成对出现，以引起比赛双方的激烈交锋和争辩。

2. 观点抽签确定

比赛双方对问题所持的观点是由抽签确定的，并不一定代表辩手的本意。

3. 辩手依序发言

辩论中，一辩、二辩、三辩、四辩发言的时间和顺序等都要按照比赛规则的要求严格执行。

4. 事先进行准备

参赛辩手可以在赛前得到辩题，有时间进行辩词、辩论策略等的准备。

（二）赛前准备

1. 分析辩题

通过分析辩题，首先要明确争论的问题，确定辩论的范围。然后，根据辩题进行立论。辩题大致有以下三种类型。

（1）必然型。在辩题中表现这种逻辑关系的词语有"必然""不可避免""必定""无一例外"等词语或词组。这种形式的辩题只要对方能举出一个相反的例子，立论就会被推倒。因此，在辩论中一方面要尽可能弱化或否定对方的例子；另一方面要尽可能多地列举己方的例子。

（2）利弊型。"利"与"弊"完全是相对的概念。在辩论中，对对方的例子驳斥有力，对己方的实例论证深刻，就能掌握辩论的主动权。

（3）可能型。在这种类型的辩题中，核心关系是现实性与可能性的关系。一般情况下，人们习惯从现实性出发去推断可能性，但是现实性是多种多样的，值得注意的是，现实性无法从根本上驳倒可能性。

2. 进行立论

（1）论点充分可信。
（2）具有辩证性，可进可退。
（3）攻守兼备。

3. 准备论据

（1）理论材料和事实材料。理论材料能够使论点有深度，而且运用权威人士的名言来论证自己的观点所产生的权威效应能够极大地增强论证和驳斥的说服力。事实材料则利用其具体可感的特征，形象生动地论证己方观点，既避免了流于空洞的说教，又给听众以极大的感染力。

（2）立论材料和驳论材料。辩论中是有立有破的，在准备论据材料时，除了准备能证明自己观点的材料外，还应包括攻击对方观点的资料。

4. 战术准备

（1）分工明确。
（2）应变灵活。

5. 列出提纲

提纲的内容可以分为总论点、分论点、论据三项。列提纲的目的是使论点明确，层次分明，脉络清晰。

6. 撰写辩词

辩词主要是指指定辩论阶段阐述己方观点的发言和自由辩论之后四辩的总结陈词，也包括部分自由辩论的进攻设计，它在整个辩论过程中是辩手主要的凭借和依据。辩论赛是一项团体比赛项目，要求辩手之间合理分工，相互照应，默契配合。辩词的撰写要在集体讨论、从辩题出发、明确总体思路的情况下，以总论点为核心，合理安排每一位参赛者的发言内容，做到既统一又各有侧重。

7. 模拟演练

模拟辩论赛的整个过程，进行反复演练，不断修正辩论策略，完善论据，为比赛做好准备。

（三）辩手的基本要求

1. 论点明确，论据充分

在辩论中，要始终明确己方的观点和态度，并且要有充分的论据来证明，才能在辩论中站住脚。

2. 认真倾听，抓住破绽

认真倾听对方的发言，及时发现对方发言中的漏洞、破绽，才能抓住机会，给对方以致命反击。

3. 自信从容，富有气度

面对赛场上不断变化的情势，处变不惊，冷静沉着，从容应对，能在临场时发挥出最佳的状态。做到自信从容，注重赛场礼仪，从中体现出不凡的气度。

4. 语言犀利，一语中的

辩论时的语言要力求严密犀利，一语中的，给对方有效的攻击。

（四）攻守策略与对战技术

1. 攻守策略

（1）攻击破绽。善于从对方的发言中找出问题、发现破绽，一攻到底，尽可能从理论上彻底击败对方。

（2）避实就虚。当对方提出一个我们无法回答的问题时，假如不知以为知，勉强去回答，不但会失分，甚至可能出笑话。在这种情况下，就要机智地避开对方的问题，另外寻找对方的弱点加以进攻。

（3）利用矛盾。由于辩论双方各由四位队员组成，四位队员在辩论过程中常常会出现矛盾，即使同一位队员，在自由辩论中，由于出语很快，也有可能出现矛盾。一旦发现这种情况，就应马上抓住，竭力扩大对方的矛盾，使对方自顾不暇，无力进攻。

（4）引蛇出洞。在辩论中，常常会出现胶着状态。当对方死死守住其立论，不管我方如何进攻，对方只用几句话来应付时，如果仍采用正面进攻的方法，收效甚微，要尽快调整进攻手段，采用迂回的方法，从看起来并不重要的问题入手，使对方离开阵地，从而有效地打击对方。

（5）李代桃僵。当我们碰到一些在逻辑上或理论上都比较难辩的辩题时，不得不采取"李代桃僵"的方法，引入新的概念来解决困难。李代桃僵这一战术的意义就在于引进一个新概念与对方周旋，从而确保己方的某些关键概念隐藏在后面，不直接受到对方的攻击。

2．对战技术

（1）指斥法，直截了当地指出对方论点或是论证中的错误。

（2）双刃法，设置让对手左右为难的境地。

（3）反证法，用证明与原论点相矛盾的反论点的虚假，来确定原论点的正确。

（4）补错法，对论辩过程中的错误及时进行补救，不给对方可乘之机。

（5）淘汰法，就某一论题举出存在的各种可能情况，然后对论题以外的可能情况进行论证，证明它们都不能成立，从而证明原论题成立。

（6）诡辩识别法，能辨别出常见的诡辩变现手法，如机械类比、循环论证、强词夺理、偷换概念、转移话题等。

思考题

1．在日常辩论中要注意哪些问题？
2．赛场辩论中如何进行立论？
3．为什么在赛场辩论中要积极进攻？

第五节　播音主持技巧

一、备稿

备稿包括广义备稿和狭义备稿。广义备稿是指在日常进行学习积累，提高业务能力。狭义备稿是指对稿件进行具体的分析和理解。

（一）默读作品

初步了解作品内容，排除文字障碍，将书面语转化成口语，加深对稿件的理解和记忆。

（二）分析作品

从作品的创作背景、主题、层次结构等方面进行分析，加强对作品的理解和感受，对作品作出语音语调等变换的标记。

（三）设计表达

设计作品的语言表达方式、感情色彩、声音形式等。

（四）试播稿件

进行试播演练，酝酿感情。

二、播音创作情感

（一）情感酝酿

创作情感是指播音员或主持人赋予具体稿件的情感。情感酝酿具体做法如下。
（1）见到稿件、话筒、镜头、观众，要调动情感。
（2）酝酿创作情感的时间要集中，以免情感的爆发力减弱。
（3）要有强烈的播讲愿望。在备稿时，使注意力集中在稿件上，有一种要把稿件内容传达给受众的迫切愿望。

（二）情感生发

（1）播音员的创作情感与稿件中的情境相一致的时候，感情的生发就能自如。
（2）播音中情感运动的要求是"进得快、出得慢"。情感进得快，是播音前情感酝酿的结果；情感出得慢，是播音时情感生发的结果。
（3）播音结束前的情感延续很重要，要先收声，再收气，后收情。

（三）情感转换

（1）情感转换是有规律的，如明转、暗转、急转、慢转、顺转、逆转等。即使是在同一情感类别里，也有程度和分寸的不同，有的转换明显，有的转换细微。
（2）情感转换是在播音员主持人思想感情运动状态下进行的。
（3）情感转换要在总的感情色彩和语气色彩的统一、变化中进行。

（四）情感要求

（1）真挚，情真意切，发自肺腑。
（2）丰富，感情表达要丰富强烈。

（3）细腻，表达出情感不同层次的细微差别。
（4）含蓄，情感耐人寻味，切忌直白和浅露。
（5）贴切，感情分寸恰到好处。
（6）变化，情感有起有伏，使语言表达灵活多变。

（五）情感类型

播音创作的情感类型应根据稿件的内容、体裁、题材等而定。播音创作的情感类型可分为豪放型、高亢型、舒展型、沉缓型、愤怒型、温柔型、亲切型、忧伤型。

（六）情感、声音、气息、技巧的关系

情感、声音、气息、技巧的关系可以概括为丰富的情感＋可塑的声音＋自如的气息＋娴熟的技巧＝有声语言的表现力和感染力＝语言艺术美。

1. 情动于内

感情发自内心，这是有声语言创作的基础，要有真挚、丰富的情感。

2. 声发在外

感情的抒发要靠声音来表现，要有好的声音弹性和声音效果。

3. 气运其中

内在的情感靠声音表现，而声音的表现又靠气息的运动和变化。

4. 技表各方

情感、气息和声音的运用都有技巧。
（1）情感有真挚、丰富、细腻、含蓄、贴切、变化的技巧。
（2）气息有换气、偷气、顿气、就气、提气、收气的技巧。
（3）声音有音高、音强、音长、音色的弹性变化和吐字归音技巧。
（4）语言表达有停连、重音、语气、节奏运用的技巧。
根据表意的需要，运用各方面的技巧形成一个有机的整体。

三、情境再现

情境再现是播音主持者的一种重要创作手段。它以稿件提供的材料为原型，使播音员脑海里不断浮现活动的画面，引发相应的态度和情感。情境再现的过程如下。

（1）厘清头绪。画面所有细节都要心中有数，既不可走过场，又不可陷进去。
（2）设身处地。要把稿件所叙述描写的一切都作为亲身所见、所闻、所历。
（3）触景生情。如果突然出现一个"景"，就应当马上引起"情"的反应。
（4）现身说法。播音员头脑中再现的稿件情景，要能够使受众感同身受。

四、内在语

内在语是指在播音语言中所不便表露出来的语句关系和语句本质,让播音员把稿件变成自己想要说的话,使自己的思想感情活动起来的重要方法。内在语主要有以下几种基本类型。

(一)发语性内在语

要在稿件语句、段落之前,在心里加上适当的词语,以便与稿件开头自然地衔接起来。

(二)寓意性内在语

要挖掘隐含在语句深层的内在含义,进行创作表达。

(三)关联性内在语

要找到体现语句逻辑关系和语法意义的隐含性关联词和短语。

(四)提示性内在语

播音员可以通过设问呼应、提醒关注等,使语气的表达更加丰富多彩。

(五)回味性内在语

在稿件段落、层次和全文结尾处设置相应的词语,提示播音员的语气,或回味,或思考,或想象,或憧憬,给人"语已尽、情尚存"的印象。

回味性内在语一般有四种表达形式:寓意式回味、反问式回味、意境式回味、线索式回味。

(六)反语性内在语

反语性内在语直接体现了表层意义与深层内在含义的对立关系或对比关系。

(1)语句深层内在含义与文字表层意义相对立的称为对立型反语内在语。

(2)通过反问来表达确定意思的内在语称为反问型反语内在语。

(3)利用语音或语意的关系,使语句同时兼顾两种事物的内在语称为双关型反语内在语。

(4)语句本质与表层意思同向同质,但在表达的语气中需渗入一定的与语句意义有别的色彩,这样的内在语称为非对立型反语内在语。

五、对象感

除了现场的受众外,播音主持人还要设想和感受不在场的对象的存在与反应,能从感觉上意识到他们的要求、愿望、情绪等,并由此调动自己的思想感情。

对象的设想必须从量和质两方面进行，质的方面又是最根本的。量的方面是指性别、年龄、职业、人数等有关对象的一般情况。质的方面是指环境、气氛、心理、素养等有关对象的个性要求。为了获得对象感，应尽可能地熟知各种对象的情况。

思考题

1. 播音前应该从哪些方面进行准备？
2. 内在语在播音中如何体现？
3. 怎样才能产生对象感？

第三模块

现代礼仪

礼是中国古代社会典章制度和道德规范的总称。我们这个教学模块所谓的礼仪，是指符合现代文明道德规范要求的人的行为举止和公共关系的庄重仪式。

这一模块从日常交往礼仪和公务活动礼仪两个方面构建了现代礼仪的内容体系。中国自古以来就是世界上的礼仪之邦。现代礼仪规范的基本特征是人与人之间相互友善、相互尊重，由此适应社会的和谐发展。我们这里所选定的现代礼仪规范适应现代社会的需要，剔除了传统礼仪中的糟粕，使人与人之间在现代文明、高雅的交往中构造出全新的生活环境和工作环境。事实证明，懂得现代礼仪，践行现代礼仪，有利于同学们以现代文明人的形象走出校门，走向社会，在未来的工作中取得更优异的成绩。

第七章　日常交往礼仪

人类是群居动物。生活在人群中，就避免不了人与人之间的交往活动。所谓日常交往礼仪，就是指人们在日常生活中所应遵循的具体交往行为规范。这主要包括个人形象的礼貌规范、与人见面的礼节规范，以及与人共处的礼貌、礼节、礼仪规范等。

第一节　个人形象礼仪

形象是一个人最重要的外在表现形式。在人际交往中，能让他人对你的形象感触最深的地方，主要包括表情、仪容、举止、着装四个具体方面，通常被称为"构成个人形象的四大要素"。

一、表情

所谓表情，是一个人面部表露出来的内在思想、感觉与情绪。从本质上看，它是个人情感最真实、最自然、最直观的流露。在交往中，人的基本表情是和蔼、亲切、友善。现代传播学认为，人的表情属于人际交流中的"非语言信息传播系统"，并且是其核心的组成部分。人的表情重点是眼神与笑容。

（一）眼神

眼睛是人的心灵窗口，它能够明显、准确地反映出一个人的心理活动。人们在日常生活中借助眼神所传递出的信息称为眼语。眼语的构成，一般涉及注视的角度、注视的部位和瞳孔的变化等具体方面。

1. 注视的角度

注视他人时的目光角度，在某种意义上意味着与交往对象的亲疏远近。注视他人的常规角度通常有三种：平视、仰视、俯视。

（1）所谓平视，也称正视，一般适用于普通场合，其关键点在于必须面向对方，不卑不亢。如果不敢正视对方，斜眼偷觑，是一种不尊重对方的行为。

（2）所谓仰视，即在注视他人时，要从目光中表现出尊重、敬畏之意，主要适用于面对尊长之时。

（3）所谓俯视，即在注视他人时，用以对晚辈或下级等表示关怀、宽容、怜爱的目光。如果对长辈或同事用这种目光，就会显得傲慢无理。

2. 注视的部位

在人际交往中，眼睛注视他人的部位是反映一个人文化素养的重要行为。一般情况下，在与他人相处时，不宜注视他人的头顶、大腿、脚部与手部。对异性而言，通常不应注视其肩部以下，尤其是不应注视其胸部、裆部和腿部。通常允许注视他人的常规部位有额头、双眼、眼部至唇部。注视他人的目光不同，也说明自己与对方之间的具体关系不同。

（1）注视他人的额头，表示严肃、认真、公事公办。这被称为公务型注视，适用于极为正规的公务活动。

（2）注视他人的双眼，表示自己聚精会神、一心一意，并且非常重视对方，但注视时间不宜过久。这被称为关注型注视。

（3）注视眼部至唇部这一区域，是在社交场合里注视交往对象时所使用的常规方法。这被称为社交型注视。

3. 瞳孔的变化

瞳孔之光也就是我们通常所谓的目光。瞳孔的变化往往是不由自主地反映人们的内心世界，心之所动，光即所现，这是无法掩饰的。

（1）瞳孔若突然变大、发出光芒、目光炯炯，就表示惊奇、喜悦、感兴趣。

（2）瞳孔若突然缩小，双目黯然无光，即所谓双目无神，则表示伤感、厌恶、毫无兴趣。

（二）笑容

笑容是人在笑的时候呈现出来的面部表情，通常会有喜悦、痛苦、轻蔑等多种模样，反映人的不同心态。

（1）在正常情况下，应当笑得自然、笑得真诚。

（2）切忌无端放声大笑、狂笑或者怪笑。

二、仪容

所谓仪容，是指个人经过修饰的外貌。在交往中，个人仪容的基本要求是干净整洁、精心修饰，其中要求修饰的重点则是头部与手部。

（一）干净整洁

所谓干净整洁，是指要注意个人卫生，其日常仪容必须做到无异味、无异物。比如，汗味、烟味，眼角、口角、耳孔之中的分泌物没有清理干净，就会让人感到特别不舒服。但是，切记不能当众处理个人卫生，如在人前挖鼻孔、掏耳朵、捋头发、揉眼睛、抠牙齿、挠身体，更不能随处吸鼻子、擤鼻涕、咳痰等。

（二）精心修饰

所谓精心修饰，是指应依照常规对个人仪容进行必要的修整、装饰，使之美观而得体。例如，不仅要经常理发，还应及时修剪胡须、鼻毛、耳毛、指甲、趾甲等。特别需要注意，腋毛、胸毛等属于个人隐私部位，不能外露。

公务人员应该严格遵守修饰避人的规则。如果公务人员确实需要临时化妆或补妆，则应选择隐蔽之处进行，如去洗手间等处。

三、举止

人的肢体动作通常被称为举止。在公共场合，特别是在正式场合，一个人的举止通常会被其交往对象视为一种充满寓意、传递信息的"肢体语言"。

（一）基本原则

1. 文明

（1）在公共场合不能大声喧哗、高声谈笑。

（2）前去拜访他人时，应首先敲门或者按响门铃，获得许可后方可入内。敲门声音不能过重、过急，以轻敲三下为宜。

（3）与尊长通电话时，一般应当由对方首先终止通话。

2. 优雅

（1）坐时，腿不能摇晃，更不要跷二郎腿，女性则要双腿并拢。

（2）站立时，身子不要歪靠一旁，也不能半坐在桌子或椅背上。

（3）走路时，脚步要轻。如必须从别人的座位之前或缝隙间挤过时，则要先说一声"对不起"，并且侧身而行。

3. 尊重

（1）要敢于正视对方，避免让对方产生自己目中无人或心怀不轨的感觉。

（2）行进时，主动走在前面，为客人引导、开门。

（3）在客人面前，要正襟危坐、善于倾听，以表示自己对客人的敬意。

（4）在交往中，不干涉对方的私人生活、不打听对方的收入和年龄等隐私。

4. 适度

所谓举止适度，主要是要求在正式场合里应有意识地控制肢体动作的幅度，并适度减少肢体动作，从而使自己的举止不至于让人感到夸张或者被人曲解，而是能够给人以教养良好、稳重成熟之感。

5. 从俗

所谓从俗，就是要求在不同的场合，了解和尊重当时和当地的人文环境、人文习惯，不能有破坏和违背当时和当地习俗的行为举止。不同场合的习俗可以有很多种类，至于究竟要合乎其中的哪一种习俗，则应视具体场合而定。

（1）要求举止动作合乎本行业的习惯。

（2）要求举止动作合乎交往对象的习惯。

（3）要求举止动作合乎社会上的习惯。

（二）具体要求

1. 手姿

（1）两手垂放方式：一是双手自然下垂，掌心向内，叠放或相握于腹前；二是双手下垂，掌心向内，分别贴放于大腿两侧。

（2）在正式场合，一般情况下不要背手，单位有特殊要求的除外。

（3）需要为他人引导或指示方向时，其标准的手势应当是伸直并拢五指，掌心向上，腕关节伸直，指尖与手臂形成一条直线。先指向被引导者的身躯中段，再指向应去之处。切记不能掌心向下，这是一种极其不礼貌的行为。

（4）表扬他人时，可以伸出右手，竖起拇指，指尖向上，指腹面向被表扬者。但在交谈时，不应当将右手拇指竖起来反向指其他人，或自指鼻尖，这是一种傲慢无礼的行为。

（5）表示欢迎、祝贺或支持时，可以鼓掌致意，正确的手势是右掌有节奏地拍击左掌。若有必要，可站立起来并以高兴状双手鼓掌。

（6）在大庭广众之下，双手乱动、乱摸，或是咬指尖、抬胳膊、抱大腿、挠脑袋等，都是应当禁止的手势。在熟人面前，无论是站、是坐，都不宜将双手插入衣兜，或是手抱双臂。

2. 坐姿

（1）就座顺序。

① 尊长优先，即应当请位尊者首先就座，然后才能自己入座。

② 同时就座，适用于平辈人或者亲友同事之间。抢先就座是一种素养低下的行为。

（2）入座规矩。

① 就座者不论从什么方位走向座位，通常都应该从左侧一方走向自己的座位，并且从左侧一方离开自己的座位。这种方式简称为"左进左出"，在正式场合一定要遵守这样

的礼仪规范。

② 穿着裙装的女性入座，通常要用双手拢平裙摆后再坐下。

③ 不论是移动座位，还是落座，都不能发出任何声音，悄无声息本身就体现着一种尊重他人的教养。

（3）坐姿定势。

① 不宜满座。在较为正式的场合，或有尊长在座时，公务人员不宜坐满整个座位，一般说来，只占据其 2/3 的位置即可。

② 上身挺直。就座后，一定要挺直上身，头部端正，目视前方，或面对交谈对象。一般情况下，不可身靠座位的背部，也不允许仰头靠在座位背上，或是低头注视地面。此时，左顾右盼、闭目养神、摇头晃脑是绝对不允许的。

③ 双手安稳。坐下之后，要尽量减少不必要的动作，双手应掌心向下，叠放于大腿之上，或是放在身前的桌面之上。如果侧坐，双手以叠放或相握的姿势放置于身体侧向的那条大腿上，则最为适宜。

④ 双腿并拢。当自己面对尊长或贵客坐下时，男性双腿应张开一些，但不应当宽于肩。女性就座后，特别是身着短裙时，务必要并拢大腿。在非正式场合，允许坐定之后双腿叠放或斜放。但在双腿交叉叠放时，应力求做到膝部之上的并拢。双腿斜放，以与地面构成 45° 夹角为最佳。不要在尊长面前高跷"二郎腿"，不要两腿直伸开去，也不要反复抖动不止。不要骑在座位之上，或把腿架在其他高处。

⑤ 双脚垂地。在落座后，脚部应该直接置于地面；脚尖应面对正前方，或朝向侧前方。切勿在坐下后将脚抬得过高，以脚尖指向他人，或是使对方看到自己的鞋底。更不要在坐下之后脱鞋子、脱袜子，或脚下乱动，摇荡抖动不止。

3. 立姿

（1）男性立姿。男性站立应当双脚平行，略打开，一般应以不超过肩宽为宜，具体间距最好是一脚之宽。全身挺拔直立，双肩展开，头部抬起，双臂自然下垂，双手贴放于大腿两侧。如果站立的时间过久，可以将左脚或右脚交替后撤一步，使身体的重心落在另一只脚上，变换不可过于频繁。需要蹲下去的时候，应尽可能双腿并拢，或采用两腿一高一低紧贴在一起的姿势。

（2）女性立姿。女性站立应当挺胸，收颔，目视前方；双手自然下垂，叠放或相握于腹前；双腿并拢，脚尖分开 45° 左右，呈 V 形。切记：决不能正对他人双腿叉开而立。站立久时，也可以将重心置于另一只脚上，双腿一直一斜。

4. 行姿

（1）基本行姿。

① 昂首挺胸。行走时一定要面朝前方，双眼平视，头部端正，胸部挺起，背部、腰部、膝部尤其要避免弯曲。总之，要使自己的全身看上去呈一条直线。

② 直线前进。行进时应当保持具体步幅大小适中，双脚两侧行走的轨迹大体上应当呈一条直线，还要克服身体在行进中的左右摇摆。

③ 两臂摆动。行进时，两臂应自然地前后摆动。具体摆动的幅度应以 30° 左右为佳。

④ 匀速前进。在行进时，速度要均匀，要有节奏感。

（2）行姿禁忌。

① 方向不定，忽左忽右。

② 左顾右盼，东张西望。

③ 声响过大，惊吓他人。

④ 变速行进，忽快忽慢。

⑤ 走"八字步"，脚尖向内或向外。

四、着装

（一）四应原则

1. 应己

所谓应己，是要求从自身的特点出发，兼顾自己的性别、年龄、高矮、胖瘦、肤色等，要善于扬长避短，并牢记重在避短。

2. 应人

所谓应人，是要求在选择着装时必须兼顾自己与他人之间的具体关系。在正式场合，上下级之间、宾主之间、主角与配角之间，着装理应有所区别。所以，着装必须与自己的交往对象相适应。

3. 应时

所谓应时，是要求在选择着装时，必须具有明确的时间观念。着装要具有时代感，并根据季节和一天之中不同的时段而有所变化，如四季中的春夏秋冬，一天中的早午晚。请注意，一天中的早午晚并不是要求你每天都要按照时段换三套服装，而是提醒你出席重要活动时需要注意到着装的活动时段的不同习俗。

4. 应景

所谓应景，是要求在选择着装时务必要考虑活动场合的具体地点和具体环境，一定要根据具体地点、具体环境来选择不同的着装，以求与周围的环境、气氛相协调。

（二）配色原则

1. 三色规则

所谓三色规则，是指人们全身上下的衣着，在正式的场合里应当保持在三种色彩之内。如果忽视了三色规则，一个人的着装就会给人以杂乱无章、华而不实的感觉。

2. 三一定律

三一定律的具体要求是在正式场合时，应当使自己的公文包与鞋子、腰带的色彩相同或相近。

（三）礼服规范

礼服是指人们在隆重而正式的场合所穿着的服装。凡是在请柬上规定要穿礼服的场合，一定要按照规定穿着礼服。男性可以穿着黑色或深蓝色的中山装、内穿白衬衣、脚穿黑皮鞋，也可以穿着深色西装套装、内穿白衬衣、脚穿黑皮鞋。女性可以穿着长到脚背的旗袍，有时也可身着长袖的长裙。

1. 中山装

所谓中山装，是因为孙中山先生率先穿用而得名的。它的具体样式：立翻领，对襟，前襟五粒扣，四个贴袋，袖口三粒扣，后片不破缝。男性穿中山装时，一定要把上衣领口处的风纪扣扣上，上衣的其他纽扣在正式场合也要一律扣严。一般来说，穿中山装一定要配皮鞋，不论男穿还是女穿，鞋子的颜色均宜为黑色。至于袜子，穿中山装时，袜子颜色一定要与中山装相近。

2. 旗袍

旗袍是传统服装。它的具体特点：造型紧身贴体，能体现女性的曲线美。其开襟形式花样多变，袖子可长可短，袖口可宽可窄，既能最大限度地展现东方女性所特有的体态和风韵，又能使其显得端庄典雅。女性身着旗袍时，一定要尽可能地合身。穿旗袍则一定要配高跟皮鞋，并选择肉色丝袜。尤其需要注意的是，由于很多旗袍的下摆都有或长或短的开衩，因此一定要避免袜口外露，最好的选择是连裤丝袜。

3. 西装

西装又称西服。它的造型优美、做工讲究，是目前世界上最流行的一种国际性服装。一般来说，三件套西装（一衣、一裤和一件马甲）比两件套西装（一衣一裤）要显得更加正规一些。西装以无图案者为好。西装的颜色通常应当选择藏蓝色、灰色或棕色。至于黑色的西装，则更适用于庄严而肃静的礼仪性活动。

男性在身着西装时，必须对其具体的穿法倍加重视。

（1）拆除商标，否则，会被误解你是在为某服装品牌做广告。

（2）系好纽扣。穿西装时，上衣、背心与裤子的纽扣都有一定的系法，对此千万不能大意。一般而言，站立时西装上衣的纽扣应当系上；就座之后，必须把它解开。唯独在内穿马甲或羊毛衫、外穿单排扣上衣时，才允许站立时不系上衣的纽扣。根据西装的着装惯例，单排扣式西装的最下面那粒纽扣应当不系，而双排西装的纽扣则应全部系上。

（3）保持平整。西装必须平整挺括、线条笔直，不可以将西装上衣的衣袖挽上去，或者卷起西裤管。

（4）在西装口袋里要少装东西，不能两手随意插在口袋里。西装上衣左侧的外胸袋除可以插入一块用以装饰的真丝手帕外，不应再放其他任何东西。内侧的胸袋只能用来别钢笔、放钱夹或名片夹。外侧下方的两只口袋，原则上以不放任何东西为佳。在西装背心上，口袋多具装饰功能。在西装的裤子上，两只侧面的口袋只能够放纸巾或钥匙包。其后侧的两只口袋大都不放任何东西。

（5）慎穿毛衫。想要将一套西装穿得有"型"，除了衬衫与马甲外，只能穿上一件薄款V领的单色羊毛衫或羊绒衫，而不宜再穿其他任何衣物。

（6）西装的搭配。

① 衬衫的搭配。与西装搭配的衬衫，应当是正装衬衫。一般而言，正装衬衫必须为单一色彩，以无任何图案为佳，衣领多为方领、短领和长领，衣袖必须为长袖。穿着正装衬衫与西装相配套时，有下述几点注意事项。

a. 大小要合身。衬衫的衣领与胸围要松紧适度，下摆不宜过短。

b. 袖长要适度。穿西装时，最美观的做法是令衬衫的袖口恰好露出1厘米左右。

c. 下摆要掖好。穿长袖衬衫时，不论是否穿外衣，均须将下摆均匀而认真地掖进裤腰之内。

d. 衣扣要系上。穿西装的时候，衬衫的衣扣、领扣或者袖扣都要一一系好。只有在穿西装而不打领带时，才可以解开衬衫的领扣。

② 领带的搭配。在公务场合活动时，通常需要打领带；而在休闲场合活动时，则多数不必打领带。穿西装上衣与衬衫时，应将领带置于二者之间。在西装上衣与衬衫之间加穿西装背心或羊毛衫、羊绒衫时，应将领带置于其与衬衫之间。打领带时，领结一定要挺括、端正，并且要在外观上呈倒三角形。此外，领带夹应夹在衬衫自上而下的第四粒与第五粒纽扣之间，并不宜为外人所见。

③ 腰带的搭配。腰带的宽度应是2.5～3厘米，颜色要与鞋的颜色配合。在腰带上，应尽量不挂打火机、手机、钥匙链等物品。

④ 鞋袜的搭配。穿西装一定要穿皮鞋，黑色皮鞋和深褐色的系带皮鞋是最佳选择，袜子则应与裤子、鞋同色或选择较深颜色的袜子，但千万不能是浅色袜子。

4. 套裙

套裙是西装套裙的简称。在许多正式的场合里，套裙是女性公务人员的首要选择。具体而言，套裙的上身是一件女式西装，下身是一条半截式的裙子。它不仅会使着装者看起来干练成熟，还能烘托出女性独具的韵味，使之显得优雅，可以很好地体现出女性的职业特点与女性魅力。

（1）套裙的选择。正宗的套裙大多都是由一件女式西装上衣和一条半截裙构成的两件套女装，并可以分为H形、X形、A形和Y形四种具体类型。根据礼仪规范，选择套裙时，需要注意面料、色彩、图案、点缀、尺寸、造型和款式等方面的问题。一般来说，套裙所选用的面料，讲究的是匀称、平整、柔软、悬垂、挺括，不仅面料的手感和弹性要好，而且应当不起皱、不起毛、不起球。在色彩方面，套裙的基本要求是以冷色调为主，其全部色彩不要超过两种。套裙的图案和点缀也是宜少不宜多、宜简不宜繁、宜精不宜糙。就尺寸而言，裙子的下摆恰好抵达着装者的小腿肚最为丰满之处是最标准、最理想的裙长。

（2）套裙的穿法。

① 大小适度。穿套裙时，大小适度是第一位的要求。上衣最短可以齐腰，裙长则应在膝盖以下。

② 穿着到位。在正式场合穿套裙时，女性必须把上衣的衣扣全部系上。

③ 协调装饰。在穿套裙时，女性应该讲究着装、化妆与佩饰的风格统一，对此应从全局上加以统一考虑。

④ 兼顾举止。穿上套裙之后，女性要站得又稳、又美，不可以双腿叉开，站得东倒西歪，或是随时倚墙靠壁而立。就座以后，务必要讲究具体的姿态，切勿让双腿分开过大，甚至当众脱鞋。

（3）套裙的搭配。

① 衬衫。作为与套裙配套的衬衫，在面料上要求轻薄而柔软。在色彩上以单色为最佳选择，还要有意识地使衬衫的色彩与套裙的色彩互相搭配，要么外深内浅，要么外浅内深，以形成两者之间的深浅对比。在衬衫的具体穿法上，女性要注意以下三点。

a. 衬衫在公共场合不宜直接外穿。按照礼仪规范，不允许在外人面前直接脱下外衣，直接以衬衫面对对方。身穿紧身的衬衫时，尤其需要注意这一点。

b. 衬衫的下摆必须掖入裙腰内。不得任其垂悬于外，或在腰间打结。

c. 衬衫的纽扣必须一一系好。除其最上端一粒纽扣按惯例可以不系外，其他纽扣均不得随意解开。

② 衬裙。所谓衬裙，在此特指穿在裙子之内的裙子。一般而言，穿套裙时，是非穿衬裙不可的。衬裙的色彩，最好是单色，但必须与外面套裙的色彩相互协调。二者要么彼此一致，要么外深内浅，不要出现二者之间外浅内深的情况。一般情况下，衬裙上不宜出现任何图案。衬裙的裙腰不可高于套裙的裙腰，同时应将衬衫下摆掖入衬裙与套裙的裙腰之间。

③ 内衣。一套完整的内衣一般由胸罩、内裤及腹带、吊袜带、连体衣等构成。它们应当柔软贴身，并且具有支撑和烘托女性线条的作用。鉴于此，在具体选择内衣时，最关键的是大小要适当，既不能够过于宽大，也不能够过于窄小。同时必须谨记：内衣一定要穿，且内衣不要外露，也不要外透。

④ 鞋袜。女性穿套裙时，宜穿皮鞋与尼龙丝袜或羊毛袜，并且要特别注意鞋袜的穿法。鞋子如果开线、裂缝、掉漆、破残或者袜子有洞、跳丝，均应立即更换。

最重要的是，袜口不可暴露在外。所谓袜口，即袜子的上端。袜口暴露在外，是一种公认的既缺乏服饰品位又失礼的表现。女性不仅在穿套裙时应自觉避免此种情形的发生，在穿开衩裙时也应当避免。即使在走动时，也不应让袜口偶尔现于裙衩处。

（四）善选饰物

饰物的佩戴既要考虑人与环境的协调，又要考虑整体的效果。在社会生活中，具体的工作岗位及身份、年龄、外貌、体型、经济状况和活动范围等因素，决定了一个人对饰物的选择与佩戴的特殊要求。在考虑饰物的佩戴时，应注意以下三个方面。

1. 区分场合

佩戴饰物首先应当与自己所处的环境、场合相适应。一般来说，只有在社交场合或休闲场合，才适合佩戴饰物。而在办公室里，或者进行运动、出外旅游时，一般不宜佩戴饰物。

2. 考虑性别

一般来说，女性可佩戴多种首饰。具体而言，女性在佩戴首饰时需要遵守的一项重要规则：在公共场合，同时使用的首饰在总量上不能超过三件，而且应当明确，所处的具体场合越正规，适宜佩戴的首饰往往就应当越少。

3. 宁缺毋滥

在正式场合里，通常可以不佩戴任何首饰。在某些时候，如果需要佩戴首饰，就要佩戴质地、做工俱佳的首饰，千万不要佩戴粗制滥造的首饰。同时需要明确：如果佩戴者只着眼于炫耀首饰的经济价值，其结果往往会弄巧成拙，显得自己非常低俗。

思考题

1. 眼神注视他人的常规角度有哪三种？
2. 仪容仪表应该注意哪些问题？
3. 举止的基本原则有哪些？
4. 服装的"四应原则"是什么？

第二节　与人见面礼仪

在日常交往中，与人见面时的最重要礼仪规范是称呼、介绍和行礼。

一、称呼

称呼他人时的基本要求是亲切、自然、准确、合理。由于称呼的确定与本人所处的时间、空间条件密切相关，因此，我们可以把不同时间、空间条件下的称呼划分为以下三类。

（一）生活中的称呼

1. 对亲属的常规称呼

亲属，即与本人直接或间接拥有血缘关系者。在日常生活中，对亲属的称呼早已约定俗成，人所共知。例如，父亲的父亲应称为"祖父"，父亲的祖父应称为"曾祖父"，姑、舅之子女应称为"表兄弟""表姊妹"，叔、伯之子应称为"堂兄弟""堂姊妹"。对此均不可错用。

对亲属的称呼注重亲切、从俗，有时候并不一定非常标准。例如，儿媳对公公、婆婆，女婿对岳父、岳母，皆可以"爸爸""妈妈"相称。这样做表示自己对对方更加真诚。

2. 对亲属的特例称呼

（1）面对外人，对亲属可根据不同情况采取谦称或敬称。对本人的亲属，通常应采用谦称。称辈分或年龄高于自己的亲属，可在称呼前加"家"字，如"家父"。称辈分或年龄低于自己的亲属，可在称呼前加"舍"字，如"舍弟"。称自己的子女，则可在称呼前加"小"字，如"小婿"。

（2）对他人的亲属，往往应当采用敬称。对长辈，宜在称呼前加"尊"字，如"尊兄"。对平辈或晚辈，宜在称呼前加"贤"字，如"贤侄"。

（3）若在亲属的称呼前加"令"字，一般可不分辈分与长幼，如"令尊""令堂""令郎""令爱"。

3. 对朋友、熟人的称呼

（1）对任何朋友、熟人，都可以人称代词相称。对长辈、平辈可称"您"，对待晚辈则可称"你"。

（2）为了表示自己的恭敬之意，对有身份者、年纪长者，可以"先生"相称，其前还可以冠以姓氏，如"王先生"。

（3）对文艺界、教育界人士，以及有成就者、有身份者，均可称之为"老师"，也可加上姓氏，如"陈老师"。

（4）对德高望重的年长者、资深者，可称为"公"或"老"。具体做法是把姓氏冠于"公"之前，如"孙公"；把姓氏冠于"老"之前，如"李老"。若被尊称者名字为两个字，则还可将其中的头一个字加在"老"之前，如可称钱学森先生为"学老"。

4. 对普通人的称呼

在现实生活中，对于仅有一面之交、关系普通的交往对象，通常可酌情采取下列方法称呼。

（1）以"同志"相称。

（2）以"先生""女士""小姐""夫人""太太"相称。

（3）以其具体的职务、职称相称。

（4）入乡随俗，采用对方所能接受的称呼相称。

（二）工作中的称呼

在工作岗位上，人们彼此之间的称呼要求是庄重、正式、规范。

1. 职务性称呼

在工作中，以交往对象的实际职务相称，是最常见的一种称呼方法，如"董事长""总经理""校长"等。在十分正式的场合，也可以在职务之前加上姓氏或姓名。

2. 职称性称呼

对于具有技术职称者，可以在工作中直接以职称相称，如"教授""工程师"等。在十分正式的场合，也可以在职称之前加上姓氏或姓名。

3. 学衔性称呼

以学衔作为具体的称呼，有助于增强现场的学术气氛，如"博士""硕士"等。在十分正式的场合，也可以在学衔之前加上姓氏或姓名。

4. 行业性称呼

（1）称呼职业，即直接以被称呼者的职业作为称呼。例如，把教员称为"老师"，把教练员称为"教练"，把警察称为"警官"，把医师称为"医生"或"大夫"等。一般情况下，此类称呼之前均可加上姓氏或姓名。

（2）称呼商界、服务业的从业人员，一般约定俗成地按性别分别称为"小姐""女士"或"先生"。一般来说，"小姐"与"女士"之间的区别在于：对未婚者应当称其为"小姐"；对已婚者或不明确其婚否者则应当称其为"女士"。在公司、银行、宾馆、商店、餐馆、歌厅、酒吧及其他行业里，这类称呼非常通行，在外企则更是如此。在这类称呼之前，通常都可加上被称呼者的姓氏或姓名。

（三）国际交往中的称呼

在国际交往中，称呼往往因为民族、宗教、文化背景的不同而显得千差万别，因此有必要认真地区别对待。

1. 通俗性称呼

（1）在国际商务交往中，一般不宜直接称呼交往对象的行政职务，这一点外国与中国的习惯做法截然不同。"夫人"这一称呼，也较少使用于国际商务交往中。一般应以"先生""小姐""女士"称呼交往对象。

（2）在政务交往中，常见的称呼除"先生""小姐""女士"外，还有以下两种方法：一种是称其具体职务；另一种是对地位较高者称"阁下"。在称呼职务或"阁下"时，还可以加上"先生"这一称呼，组成顺序：先职务，次"先生"，最后"阁下"；或职务在先，"先生"在后。例如，"总理先生阁下""大使阁下"或"市长先生"等。但是，目前在美国、德国、墨西哥等国，没有称"阁下"的习惯。

（3）对军界人士可以其军衔相称。称军衔而不称职务，是国外对军界人士进行称呼时最通用的做法。

① 只称军衔，如"将军""上校""中士"。

② 军衔之后加上"先生",如"上尉先生""上校先生"。
③ 先姓名后军衔,如"朱可夫元帅""鲍威尔将军"。
④ 先姓名、次军衔、后"先生",如"威尔斯中校先生""亚历山大上尉先生"。
(4)对宗教界人士,通常可称呼其神职。
① 仅称神职,如"牧师"。
② 称姓名加神职,如"狄德罗神父"。
③ 称神职加"先生",如"传教士先生"。
(5)对君主制国家的王公贵族,称呼上应尊重对方的具体习惯。
① 对国王、皇后,通常应称"陛下"。
② 对王子、公主、亲王等,应称"殿下"。
③ 对拥有封号、爵位者,则应以其具体的封号、爵位相称,如"爵士""公爵""大公"等。
④ 有时,可在国王、皇后、王子、公主、亲王等头衔之前加上姓名相称,"西哈努克国王""莫尼列公主""拉那烈王子"等。
⑤ 对拥有爵位者,可称"阁下",也可称"先生"。
(6)教授、法官、律师、医生、博士,因其社会地位较高,颇受尊重,故可直接以此作为称呼。称呼的具体做法有以下四种。
① 直接称"教授""法官""律师""医生""博士"。
② 在其前加上姓名,如"歇尔曼教授"。
③ 在其后加上"先生",如"律师先生"。
④ 在其前加姓名,在其后加"先生",如"都威博士先生"。

2. 国别性的称呼差异

在姓名称呼方面,世界各国都有其自己的特点,下面择要做些介绍。

1)英、美等国

(1)在英国、美国、加拿大、澳大利亚、新西兰等讲英语的国家里,人们的姓名一般由两个部分构成,通常是名字在前,姓氏在后。例如,在"贝拉克·奥巴马"这一姓名之中,"贝拉克"是名字,"奥巴马"才是姓氏。

(2)在英美诸国,女子结婚前一般都有自己的姓名。结婚之后,通常姓名由本名与夫姓组成。例如,"希拉里·克林顿"这一姓名中,"希拉里"为本名,"克林顿"则为夫姓。

(3)有些英美人士的姓名前会冠以"小"字,如"小乔治·约翰逊",这个"小"字与年龄无关,而是表明他沿用了父名或父辈之名。

(4)跟英美人士交往,一般应称姓氏,并加上"先生""小姐""女士"或"夫人",如"布什先生"。在十分正式的场合,则应称呼姓名全称,并加上"先生""小姐""女士"或"夫人",如"史蒂夫·乔布斯先生""威廉·盖茨先生""安格拉·默克尔女士"等。

(5)对于关系密切的人士,往往可直接称呼其名,不称其姓,而且可以不论辈分,如"卡尔""戴维""菲比"等。在家人与亲友之间还可称呼爱称,如"凯特""吉尔"等。但与人初次交往时,不可这样称呼。

2）俄罗斯

（1）俄罗斯人的姓名由三个部分构成：首为本名，次为父名，末为姓氏。例如，以苏联创始人"弗拉基米尔·伊里奇·列宁"为例，在他的姓名中，"弗拉基米尔"为本名，"伊里奇"为父名，"列宁"为姓氏。

（2）妇女的姓名同样也由三个部分组成：本名与父名通常不变，但其姓氏在结婚前后有变化，婚前使用父姓，婚后则使用夫姓。对于姓名为"尼娜·伊万诺夫娜·乌里扬诺娃"的女士而言，其姓氏"乌里扬诺娃"与其婚否关系甚大。

（3）口头称呼一般只采用姓氏或本名。例如，对"德米特里·阿纳托利耶维奇·梅德韦杰夫"，可以只称"梅德韦杰夫"或"德米特里"。在特意表示客气与尊敬时，可同时称其本名与父名，如称前者为"德米特里·阿纳托利耶维奇"，这是一种尊称。在对长者表达敬意时，方可仅称其父名，如称前者为"阿纳托利耶维奇"。

（4）在与亲友、家人交往时，习惯使用由对方本名转化来的爱称，如可称"伊万"为"万尼亚"。

（5）"先生""小姐""女士""夫人"也可与姓名或姓氏连在一起使用。

3）日本

（1）日本人的姓名均用汉字书写，而且姓名的排列与中国人的做法也一样，即姓氏在前，名字居后，所不同的是，日本人的姓名往往字数较多，且多由四字组成，其读音与汉字也大相径庭。

（2）为了避免差错，与日本人交往时，一定要了解其姓名中哪一部分为姓，哪一部分为名。在进行书写时，最好将其姓与名隔开一格，如"二阶堂 进""川端 康成""松下 幸之助"等。

（3）日本妇女婚前使用父姓，婚后使用夫姓，本名则一直不变。

（4）在日本，日常交往中往往只称呼姓，只有在正式场合才使用全称。称呼日本人，"先生""小姐""女士""夫人"等称谓皆可采用，一般可与其姓氏或全称合并使用，如"佐藤先生""山口百惠小姐"等。

二、介绍

介绍是经过自己主动沟通或者通过第三者从中沟通，从而使交往双方相互认识、建立联系的一种交往方式。介绍可以分为自我介绍、介绍他人、介绍集体三种基本类型。

（一）自我介绍

1. 自我介绍的种类

（1）应酬式。对介绍者而言，对方属于泛泛之交，或者早已熟悉，进行自我介绍只不过是为了确认身份而已，故此种自我介绍内容要少而精。例如，"您好！我的名字叫战军。"

（2）公务式。这种介绍应当包括本人姓名、供职的单位及其部门、担负的职务或从事的具体工作三项，通常被称为公务式自我介绍内容的三要素。这种介绍的重点是让对方了解自己的工作单位、工作岗位、工作职务和职责，便于工作事务交往。例如，"您好！我是郑宫，现任胜利有限公司董事长。"

（3）交流式。这种自我介绍主要适用于普通的交际活动中。它实际上是在刻意寻求与交往对象做进一步交流与沟通，希望对方认识自己、了解自己、与自己建立联系。交流式自我介绍的内容大体应当包括介绍者的姓名、工作、籍贯、学历、兴趣及与交往对象的某些熟人的关系等。例如，"我叫刘鑫，现在兴隆公司担任总经理，我和您夫人是大学同学。"

（4）礼仪式。这种自我介绍主要适用于讲座、报告、演出、庆典、仪式等一些正规而隆重的场合，介绍内容包括姓名、单位、职务等项，还应当酌情加入一些适宜的谦辞、敬语，以示自己礼待交往对象。例如，"大家好！我叫陆莹，是跃进公司的副总经理。现在，我代表本公司欢迎大家光临！"

（5）问答式。这种自我介绍主要适用于应试、应聘和公务交往中，在普通的交际应酬场合往往也时有所见。这种介绍通常讲究的是问什么答什么，有问必答。

2. 自我介绍的分寸

自我介绍一定要力求简洁，尽可能地节省时间，通常控制在半分钟以内为佳。无特殊情况，最多不要长于一分钟。自我介绍时机应该适当：对方感兴趣时；对方有空闲时；对方情绪好时；对方干扰少时；对方有此要求时。

（二）介绍他人

1. 介绍者

介绍他人通常又称第三者介绍，或替他人做介绍，这是经第三者为彼此不相识的双方进行引见的一种具体的介绍方式。当自己决定为他人做介绍前，务必要了解、熟悉双方的具体情况。如有可能，在为他人作介绍之前，最好先征求一下双方的意见。

2. 介绍的顺序

在为他人做介绍时，先介绍谁、后介绍谁，是一个十分敏感的礼仪问题。根据交往礼仪的规范，处理这一问题时必须遵守"尊者优先了解情况"的原则。在介绍时，"尊者优先"的原则与排位时的尊者优先次序恰恰相反，是指"尊者有优先知晓权"，因此需要先介绍位次低者，后介绍位次高者。具体顺序大致有以下几种情况。

（1）介绍年长者与年幼者认识时，应先介绍年幼者，后介绍年长者。
（2）介绍老师与学生认识时，应先介绍学生，后介绍老师。
（3）介绍女士与男士认识时，应先介绍男士，后介绍女士。
（4）介绍已婚者与未婚认识时，应先介绍未婚者，后介绍已婚者。
（5）介绍同事、朋友与家人认识时，应先介绍家人，后介绍同事、朋友。
（6）介绍来宾与主人认识时，应先介绍主人，后介绍来宾。
（7）介绍交际场合的先至者与后来者认识时，应先介绍后来者，后介绍先至者。
（8）介绍上级与下级认识时，先介绍下级，后介绍上级。

（9）介绍身份高者与身份低者认识时，应先介绍身份低者，后介绍身份高者。

3. 介绍的方式

（1）标准式。标准式适用于正式场合，其内容以双方的姓名、单位、职务等为主。

（2）简介式。简介式适用于一般的交际场合，其内容往往只介绍双方姓名。

（3）强调式。强调式适用于各种交际场合，其内容除被介绍者的姓名外，往往还会刻意强调其中某位被介绍者的特殊情况，以便引起另一位被介绍者的重视。

（4）推荐式。推荐式适用于比较正规的场合，介绍者往往有备而来，有意要将某人举荐给某人，因此在内容方面通常会对前者的优点加以重点介绍。

（三）介绍集体

介绍集体是他人介绍的一种特殊形式。若有可能，集体介绍的具体顺序应比照他人介绍的顺序进行。如果很难参照，则可参考下述顺序。

1. 少数服从多数

少数服从多数的具体含义是当被介绍者双方地位、身份大致相似，或者难以确定时，应当使人数较少的一方礼让人数较多的一方，一个人礼让多数人，即先介绍人数较少的一方，后介绍人数较多的一方。

2. 尊重地位、身份高者

若被介绍者双方地位、身份之间存在明显差异，特别是当这些差异具体表现为年龄、性别、婚否、师生及职务有别时，地位、身份为尊的一方即使人数较少，甚至仅为一人，仍然应被置于尊贵的位置，最后加以介绍。

3. 单向进行介绍

在演讲、报告、比赛、会议、会见、庆典、仪式中，往往只需要将此次活动的主角介绍给广大参加者，而没有必要一一介绍广大的活动参加者。

4. 人数较多一方的介绍

若需要介绍的一方不止一人，可采取笼统的方法进行介绍，如"这是我的同学""他们都是我的同事"等。

5. 人数均较多双方的介绍

若被介绍双方均不止一人，则可依照交往礼仪的规范，首先介绍位次低的一方，然后介绍位次高的一方。在分别介绍各方的具体人员时，则应遵循"尊重优先知情权"的原则，由低到高依次进行。

6. 人数较多各方的介绍

有时，被介绍的不止两方，此时则往往需要对被介绍的各方进行必要的位次排列。

排列的具体方法有以下六种。

（1）以其负责人身份为准。

（2）以其单位规模为准。

（3）以单位名称的拉丁字母或汉语拼音字母顺序为准。如果第一个字母相同，则以第二个字母先后排序。

（4）以抵达的时间先后顺序为准。

（5）以座次顺序为准。

（6）以其距介绍者的远近为准。

三、行礼

在日常生活中，相识者之间与不相识者之间往往都需要以适当的方式向交往对象致意，以表示自己对对方的尊重、友善与敬意，这就是所谓行礼。

在不同的历史时期、不同的文化背景下，人们所采用的会面礼节千差万别，常见的就有点头礼、举手礼、致意礼、脱帽礼、握手礼、拥抱礼、亲吻礼、鞠躬礼、合十礼、吻手礼、吻足礼、碰鼻礼、拱手礼、叩头礼、跪拜礼、屈膝礼等。目前，握手礼是世界各国最通行的会面礼节。

（一）握手礼

1. 伸手的顺序

（1）"尊者决定的规则"。"尊者决定的规则"的含义：当两人握手时，各自应首先确定握手双方彼此的身份，然后由此决定伸手的先后顺序，通常应由位尊者首先伸出手来，即尊者先行。位次低者只能在此后予以响应，而决不可贸然抢先伸手，否则就属于失礼的举动。请注意，握手礼"尊者决定的规则"与介绍时"尊者优先知情权"的规则，在伸手先后与介绍先后的顺序上恰恰相反，一个是尊者先伸手，一个是尊者后介绍，不可以弄混了顺序。尊者先伸手的具体顺序如下。

① 长辈与晚辈握手，应由长辈首先伸手。

② 老师与学生握手，应由老师首先伸手。

③ 女士与男士握手，应由女士首先伸手。

④ 已婚者与未婚者握手，应由已婚者首先伸手。

⑤ 交际场合中的先至者与后来者握手，应由先至者首先伸手。

⑥ 上级与下级握手，应由上级首先伸手。

⑦ 身份高者与身份低者握手，应由身份高者首先伸手。

⑧ 主人与客人握手时有两种情况：在迎接客人时，应由主人首先伸手；在送别客人时，则应该由客人首先伸手。

（2）某些特殊的情况。

① 倘若主人需要与多名客人或客人需要与多名主人一一握手时，也应该遵照"尊者优先的原则"，讲究握手的先后顺序，即先长辈，后晚辈；先老师，后学生；先女士，后

男士；先已婚者，后未婚者；先上级，后下级；先身份高者，后身份低者。

② 在正式场合，握手时伸手的先后顺序主要取决于双方的具体职位、身份。而在非正式场合，握手时伸手的先后顺序主要取决于双方的具体年纪、性别、婚否，有时候也可"熟不拘礼"。

③ 应当强调的是：上述握手时的先后顺序可用以律己，却不必处处苛求于人。若位次低者抢先伸出手来要与自己相握时，此刻最得体的做法自然是要积极地与之配合。若过分拘泥于礼仪规范，对其视若不见、置之不理，致使其进退两难、当场出丑，则是失礼于对方。

2. 相握的方式

（1）神态。与人握手时，应当神态专注，并且表现得热情、友好、自然。通常情况下，与人握手时应面含笑意，目视对方双眼，同时问候对方。

（2）姿态。

① 向他人行握手礼时，只要有可能，就应起身站立。若非长辈、女士或残障人士，其他人坐着与人握手都是失礼的。

② 握手时，双方之间的最佳距离为一米左右，因此握手时双方均应主动向对方靠拢。若双方距离过近或过远，都是不合适的。

③ 握手时，最佳的做法是双方将各自的右手向自己的侧下方伸出，令其伸直与对方的手相握后，彼此形成一个直角。

（3）手位。

① 单手相握。单手与人相握是最常用的方式，单手相握又可以分为以下几种形式。

a. 手掌下缘垂直于地面最为适当，以表示自己不卑不亢，称为"平等式握手"。

b. 掌心向上，往往表示自己谦恭、谨慎，称为"友善式握手"。

c. 掌心向下，则表示自己高傲自大、不屑一顾，称为"控制式握手"。

② 双手相握。即用右手握住对方右手后，再以左手握住对方右手的手背。这种方式适用于亲朋故旧之间，可用于表达自己的深厚情意。一般而言，这种方式的握手并不适用于初识者或异性，因为它有可能被理解为讨好对方，是一种失态的表现。

（4）力度。握手时，为了向对方表示热情友好，应当稍加用力，标准力度以两公斤左右为宜。与亲朋故旧握手时，所用的力量稍大一些也可以。如果只递给对方一截冷冰冰的手指尖，这种方式叫作"死鱼式握手"，被公认是极其失礼的做法。而在与异性或者初次相识者握手时，则千万不可用力过大。

（5）时间。一般情况下，与他人握手的时间不宜过短或过长，标准的时间应控制在三秒左右。

握手时间过短，稍触即分，好似在走过场。而握手时间过长，尤其是拉住异性或初次见面者的手长久不放，则显得有些虚情假意，甚至会有"心怀不轨"之嫌。

3. 握手的禁忌

（1）与他人握手时不能用左手。尤其是在与阿拉伯人、印度人握手时，一定要牢记这点，因为在他们看来，人的左手是不洁的。

（2）不要同时与多人交叉握手。因为交叉状类似十字架，在基督教信徒眼中是非常不吉利的。

（3）一般不要在握手时戴着手套或墨镜，女士在交际场合除外。

（二）其他常见的会面礼节

1. 点头礼

点头礼又称点头致意。它所适用的情况主要有：路遇熟人，在不宜与人交谈之处；在同一场合碰上已多次见面者；遇上多人而又无法一一问候之时。

行点头礼时，应该在与对方目光相接之时，头部向下轻轻一点即可，不宜反复点头。

2. 举手礼

如果需要向距离自己较远的熟人打招呼，可以行举手礼，正确做法：右臂向前方伸直，右手掌心向着对方，其他四指并齐，拇指叉开，轻轻向左右摆动一两下。

3. 脱帽礼

戴着帽子的人在进入他人居所、路遇熟人、升挂国旗、演奏国歌等情况下，摘下自己的帽子，以示敬意，这就是所谓脱帽礼。

4. 注目礼

行注目礼的具体做法：起立站直，抬头挺胸，双手自然下垂或贴放于身体两侧，面容庄重严肃，双目正视被行礼对象，或随之缓缓移动。在升国旗、游行检阅、剪彩揭幕、开业挂牌时，往往行注目礼。

5. 拱手礼

拱手礼是中国民间传统的会面礼。而今它所适合的情况主要包括过年时举行团拜活动，向长辈祝寿，向友人恭贺结婚、生子、乔迁，向亲朋好友表示无比感谢等情况。拱手礼的行礼方式：面向受礼者站立挺直，向正前方伸出双手，用左掌握住右拳。女性则左右拳掌相反，但不握拳，只压掌。切记：男女左右手如果弄反，那可是报丧、求饶时才用。

6. 鞠躬礼

行鞠躬礼时，应脱帽立正，双目注视受礼者，然后上身弯腰前倾。男士的双手应贴放于身体两侧裤线处，女士的双手则应下垂搭放在腹前。届时，上身下弯的幅度越大，所表示的敬重程度就越大。鞠躬的次数可视具体情况而定，但通常不宜超过三次。在日本、韩国、朝鲜等国，鞠躬礼的运用十分广泛，其基本做法往往大同小异。

7. 合十礼

合十礼也称合掌礼，其具体做法：双掌在胸前相对合在一起，手指并拢向上，掌尖与鼻尖持平，手掌向外侧倾斜，双腿正直站立，上身微欠低头。合十的双手举得越高，越能体现出对对方的尊重，但是不可高于额头。在东南亚、南亚信奉佛教的国家，以及中国的傣族聚居区，合十礼最为通用。

8. 拥抱礼

在西方，特别是欧美国家，拥抱礼是十分常见的见面礼与道别礼。在人们表示慰问、祝贺、欣喜时，拥抱礼也十分常用。拥抱礼的做法是两人面对面站立，各自举起右臂，将右手搭在对方左肩后面，左臂下垂，左手扶住对方左腰后侧。首先各向对方左侧拥抱，然后各向对方右侧拥抱，最后再一次各向对方左侧拥抱，一共拥抱三次。在我国，除某些少数民族外，拥抱礼并不常用。

9. 亲吻礼

亲吻礼也是西方国家常用的会面礼。有时，它会与拥抱礼同时采用，即双方既拥抱又亲吻。行亲吻礼时，通常以自己的唇部接触对方的面部，最忌讳亲吻时发出声音，更不能将唾液弄到对方脸上。在一些国家，行此礼节时，因双方的关系不同，亲吻的具体部位往往也会有所不同：长辈亲吻晚辈时，应当亲吻其额头；晚辈亲吻长辈时，应当亲吻其下颌或面颊；在同辈之间行亲吻礼时，面对同性应当贴其面颊，面对异性则应吻其面颊。接吻，即互相亲吻嘴唇，通常仅限于夫妻或恋人之间，不宜滥用，尤其不宜当众进行。

10. 吻手礼

吻手礼主要流行于欧洲国家。其具体做法：男士行至已婚妇女面前，首先垂首立正致意，然后以右手或双手捧起女士的右手，俯首以自己微闭的嘴唇，象征性地轻吻一下其手背或是手指。行吻手礼的地点通常以室内为佳。吻手礼的受礼者一般只能是妇女，而且应当是已婚妇女。手腕及其以上部位是行此礼节时的禁区。

思考题

1. 什么时候用谦称？什么时候用敬称？
2. 美国的称呼与英国的称呼有什么不同？
3. 握手时的禁忌有哪些？
4. 在第三者介绍时，如何体现尊者优先知情权？

第三节 交谊共处礼仪

在日常交往中，需要与人交谊共处的礼仪规范很多。本节我们仅就交谈、舞会、乘车三个方面的规范要求作以简要阐述。

一、交谈

交谈是人与人之间交谊共处的重要方式。交谈的水平，不仅体现着人的知识、阅历、才智和应变能力等综合水平的高低，也体现着人的道德素养水平的高低。因此，我们应学习和掌握交谈的礼仪规范。

（一）交谈的方式

1. 双向共感

所谓双向共感，就是要求交谈双方注意双向交流，不要妄自尊大，忽略对方的存在，而要把双方共同感兴趣的话题作为主题。

2. 神态专注

在交谈中，"说"的一方并不难，"听"的一方在交谈中若能够表现得神态专注，就是对"说"的一方的最大尊重。要做到这一点，通常应重视如以下三个方面。

（1）表情认真，全神贯注。
（2）动作配合，微笑点头。
（3）语言合拍，及时呼应。

3. 礼让对方

在交谈中，应始终坚持以自己的交往对象为中心，时时处处礼让对方、尊重对方，不炫耀自己，不挑剔顶撞对方，更不能随意抢话、打断对方。

（二）忌谈的主题

（1）个人隐私。
（2）捉弄对方。
（3）非议旁人。
（4）倾向错误。
（5）令人反感。

二、舞会

舞会是现代社会交往的重要形式之一，是一种无声的世界语言，是不同国度、不同民族、不同肤色的人们交流沟通友谊的一种文明工具。

（一）舞种规范

国际标准交谊舞包括拉丁舞、摩登舞两大系列十个舞种。

1. 拉丁舞

拉丁舞包括桑巴、伦巴、斗牛、恰恰、牛仔五个舞种。拉丁舞的音乐热情洋溢、奔放，具有节奏感，容易展现女性的优美线条，男士则展现刚强、威武雄壮的个性美。

2. 摩登舞

摩登舞包括华尔兹、探戈、狐步、快步、维也纳华尔兹五个舞种。摩登舞于1924年由英国发起，在保留了宫廷舞、交谊舞及拉美国家的各式土风舞的基础上，进行规范和美化加工定型，进而推广到世界各国，受到许多国家的欢迎和喜爱。

（二）舞会礼仪

1. 服装整洁

男士一般要穿西装或中山装、皮鞋。女士要穿长裙或晚礼服。

2. 言谈举止文明

人们可在舞会中听音乐、踏舞步，宣泄紧张的情绪，缓解疲劳的身体。健康的舞会可以净化灵魂、提高修养、陶冶情操。

3. 邀舞规范

在比较正式的舞会上，应该是男士主动邀请女士跳舞。邀舞通常有约定成俗的规定。

（1）第一支舞曲响起时，往往是主人夫妇、主宾夫妇共舞。

（2）第二支舞曲响起时，往往是由主人邀请主宾夫人共舞。

（3）第三支舞曲响起时，参加舞会者可纷纷入场跳舞。

（4）在一般的交谊舞会上，则没有以上要求。音乐声响起，男士主动走到女士面前，点头或鞠躬，右手前伸，以示邀请。也可以轻声征求女士同意："请您跳舞可以吗？"女士同意后，起身离座，与男士一起步入舞池。

（5）男士邀请女士跳舞时，如果女士的丈夫和亲人在一旁，应向他们招手致意，以示礼貌和尊重。

（6）跳舞时，男女之间应保持一定距离，应在15厘米以上，即使是夫妻、恋人也不可以靠太近。

（7）当音乐结束时，舞步应该立即停止。男士陪伴女士归座后，真诚道谢，然后或交谈或离开。

（8）舞会结束后，应邀者应主动向邀请者致谢道别。

（三）舞会禁忌

（1）邀舞禁忌。女士一般不要邀请男士跳舞。

（2）舞厅禁忌。在舞厅中，无论是天气热或因跳舞过多出汗，都不可随意脱去外衣。

（3）舞伴禁忌。在舞会上，一般不可以男士与男士、女士与女士的同性之间结伴跳舞。

（4）拒舞禁忌。一般情况下，女性不应拒绝男士的邀请，如果因为累了或其他原因需要拒绝，应站起身来委婉说明原因并致歉。女士拒绝邀请后，在该支舞曲结束之前，一般不可再接受别人的跳舞邀请。

（5）目光禁忌。跳舞时，舞伴双方眼睛不应目不转睛地盯着对方，这样会使对方感觉拘谨不自在，但也不应该漠视自己的舞伴或过多地注视别人。

三、乘车

现在，轿车已经成为迎送宾客的重要交通工具，因此，熟知轿车的乘坐礼仪，也就可以推知大多的乘车规范要求。

（一）轿车上的座次

乘坐轿车，需要以礼待人，礼让有序。因此，在乘坐轿车时，必须知道并且实际操作轿车上的座次安排。

1. 双排四座轿车

当主人驾驶双排四座轿车时，座次按照尊者为上的原则依次应为副驾驶座、后排右座、后排左座。当专职司机驾车时，座次按照尊者为上的原则依次应为后排右座、后排左座、副驾驶座（见图 7-3-1）。

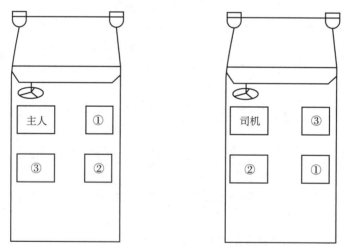

图 7-3-1 双排四座轿车的座次排列

2. 双排五座轿车

当主人驾驶双排五座轿车时，座次按照尊者为上的原则依次应为副驾驶座、后排右座、后排左座、后排中座。当专职司机驾车时，座次按照尊者为上的原则依次应为后排右座、后排左座、后排中座、副驾驶座（见图 7-3-2）。

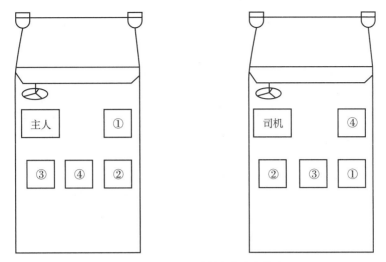

图 7-3-2　双排五座轿车的座次排列

3. 双排六座轿车

当主人驾驶双排六座轿车时，座次按照尊者为上的原则依次应为前排右座、前排中座、后排右座、后排左座、后排中座。当专职司机驾车时，座次按照尊者为上的原则依次应为后排右座、后排左座、后排中座、前排右座、前排中座（见图 7-3-3）。

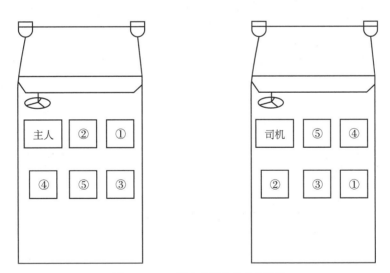

图 7-3-3　双排六座轿车的座次排列

4. 三排七座轿车

当主人驾驶三排七座轿车时，座次按照尊者为上的原则依次应为副驾驶座、后排右座、后排左座、后排中座、中排右座、中排左座。当专职司机驾车时，座次按照尊者为上的原则依次应为后排右座、后排左座、后排中座、中排右座、中排左座、副驾驶座（见图 7-3-4）。

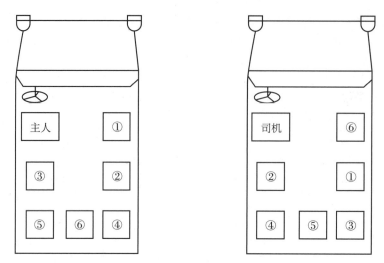

图 7-3-4　三排七座轿车的座次排列

5. 三排九座轿车

当主人驾驶三排九座轿车时,座次按照尊者为上的原则依次应为前排右座、前排中座、中排右座、中排中座、中排左座、后排右座、后排中座、后排左座。当专职司机驾车时,座次按照尊者为上的原则依次应为中排右座、中排中座、中排左座、后排右座、后排中座、后排左座、前排右座、前排中座(见图 7-3-5)。

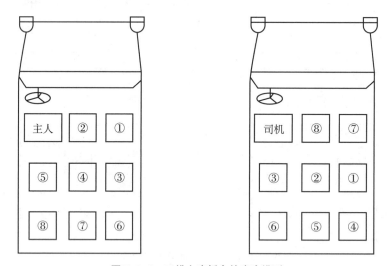

图 7-3-5　三排九座轿车的座次排列

6. 多排多座轿车

多排座轿车,在此特指具有四排或者四排以上座位的轿车。不论由何人开车,多排多座轿车的具体座次均应由前往后,自右到左,按其距轿车前门的远近而依次排列。其原因主要是考虑乘车人上下轿车的方便性。

（二）上下车的顺序

上下车的顺序也是有礼可循的，其基本要求是倘若条件允许，须请尊长、女士、来宾先上车，后下车。具体而言，上下车的顺序又分为以下多种情况。

1. 主人亲自驾车

当主人驾驶轿车时，如有可能，主人均应后上车、先下车，以便照顾客人上下车。

2. 分坐于前后排

乘坐由专职司机驾驶的轿车时，坐于前排者，通常应当后上车、先下车，以便照顾坐于后排者。

3. 同坐于后一排

乘坐由专职司机驾驶的轿车，并与他人同坐于后一排时，应请尊长、女士、来宾从右侧车门先上车，自己再从车后绕到左侧车门上车。下车时，自己应先从左侧下车，再从车后绕过去帮助对方。若车停于闹市，左侧车门不宜开启，需要从右门上车时，应当坐里座者先上、坐外座者后上。下车时，则应坐外座者先下、坐里座者后下。总之，一切应以方便、易行为宜。

4. 乘折叠座轿车

为了上下车方便，坐在折叠座位上的人通常应当最后上车、最先下车。这是广为沿用的做法。

5. 乘三排九座车

乘坐三排九座车时，一般应当是低位者先上车、后下车，高位者后上车、先下车。

6. 乘多排座轿车

乘坐多排座轿车时，通常应以距离车门的远近为序上下车。上车时，距车门最远者先上，其他人随后由远及近依次上车。下车时，距车门最近者先下，其他人随后由近及远依次下车。

思考题

1. 交谈时忌讳哪些话题？
2. 舞会的禁忌有哪些？
3. 主人开车时，最尊贵的人应该坐在哪儿？

第八章 公务活动礼仪

所谓公务活动礼仪，是指公务人员在日常的公务活动中逐渐形成并得到公认必须遵循的礼仪规范，主要涉及国旗、礼宾、会议、庆典、剪彩、餐饮六个方面的内容。

第一节 国旗、礼宾与会议

一、国旗

国旗是国家的一种标志性旗帜，是国家的象征。中华人民共和国国旗是五星红旗，它是中华人民共和国的象征和标志。根据需要升挂中国国旗或外国国旗，不仅有助于维护自己祖国的尊严与荣誉，还有助于表示对外国应有的尊重与友好。公务活动使用中国国旗时，必须严格遵守《中华人民共和国国旗法》，做到礼仪规范。

（一）悬挂中国国旗

1. 升旗

在直立的旗杆上升挂中国国旗时，应将国旗徐徐升起，并且一定要升至杆顶。在同一旗杆上，不得升挂两面国旗，也不可将一面国旗与另外一面其他旗帜升挂于同一旗杆上。如果需要同时升挂国旗与其他旗帜，或者同时升挂中国国旗与外国国旗，必须首先升挂中国国旗。

2. 降旗

降下中国国旗时，应将国旗缓缓降下，不得使国旗落地。如果同时降下国旗与其他旗帜，或者同时降下中国国旗与外国国旗时，应当最后降下中国国旗。

（二）升旗仪式

所谓升旗仪式，是指在正式场合以一系列规范化程序郑重地升挂中国国旗的整个过程。

1. 升旗的程序

（1）全场肃立。

（2）宣布仪式正式开始。

（3）出旗。出旗是指国旗正式出场，负责操作者通常由一名旗手与双数的护旗手组成。出旗时，旗手居中，护旗手在其身后分列两侧，齐步走向旗杆立定。

（4）正式升挂国旗。升旗者可以是旗手，也可由事先正式指定的各界代表担任。

（5）奏国歌或唱国歌。升旗时，奏唱国歌宜与升旗同步进行，旗升乐起，旗停乐止。若演唱国歌，也可以在升旗之后进行。

2. 降旗的要求

此处的降旗特指降下升旗仪式中所升挂的国旗。正式的降旗活动称为降旗仪式。降旗仍须由训练有素的旗手、护旗手负责操作。届时，所有在场者均应肃立。降旗完毕，旗手、护旗手应手捧国旗，列队齐步退场，然后将国旗交由专人保管，切不可将国旗乱折乱放。

二、礼宾

所谓礼宾，是指国际交往中，按照规范的礼仪接待来宾的一系列具体工作。因为礼宾是国家行为，是执行国家对外政策的一种载体形式，事关国家和民族尊严，是国家关系最直接的体现，无论在官方还是民间的友好往来中都具有相当重要的作用。

（一）礼宾规格

所谓礼宾规格，是指礼宾工作具体过程中的各种标准，即在公务接待的具体过程中所必须遵守的、已被正式规定的具体要求。

1. 掌握规则

（1）身份对等。在国际交往中，所谓身份对等，具体是指在确定接待来宾的规格时，应与其具体身份相称，还应参照对方在接待我方身份相仿者时所采用的具体礼宾规格，同时要求我方所给予来宾的礼遇应当恰到好处。对等在双方交往中的含义，则是要求交往双方礼尚往来，你方如何待我，我方即如何待你。

（2）一律平等。依照惯例，在公务交往中，处理多边关系应该平等对待各方来宾。在具体确定或操作用以接待来自多方的礼宾规格时，一定要在平等待客为先的正确理念下，对各方真正做到一视同仁。

（3）有所区别。在恪守身份对等与一律平等原则的前提下，为来宾安排具体的礼宾规格时，还应充分尊重对方所特有的风俗习惯及其他方面的特殊要求，不要一厢情愿。既不要强人所难，也不要强加于人，更不要勉强行事。

2. 来宾分类

（1）VVIP。VVIP 是 Very Very Important People 的缩写，它的含义为"非常非常重要的客人"或"异常重要人士"。

（2）VIP。VIP 是 Very Important People 的缩写，它的含义为"非常重要的客人"，在公务接待中往往称其为"要客"或"贵宾"。

（3）IP。IP 是 Important People 的缩写，它的含义为"重要客人"。

（4）SP。SP 是 Special People 的缩写，它的含义为"特殊的客人"。

（5）CP。CP 是 Common People 的缩写，它的含义为"普通客人"。

3. 常规内容

在公务接待中，礼宾规格的常规内容主要包括以下三项。

（1）费用的多少。费用的多少是指一次公务接待工作的开支总额，及其具体环节所需要费用的支出状况。

（2）规模的大小。规模的大小一般是指在公务接待过程中，尤其是在迎送、宴请、陪同等重要环节上，我方人员参与的具体范围及实际到场人数的多少。

（3）身份的高低。身份的高低是指在公务接待活动中，尤其是在一些较为重要的场合，到场的我方人员身份的高低，特别是到场的我方主要人员身份的高低。

4. 操作方式

（1）执行明文规定。在许多情况下，对公务接待工作中的具体礼宾规格，有关部门通常都会作出明文规定。这些规定有的出自我国各级政府，有的出自各类企事业单位，有的则出自本单位的主管部门。因此，在具体的接待工作中，公务人员必须对其全面地、一丝不苟地贯彻执行。

（2）实施常规做法。在公务接待的具体过程中，有许多礼宾规格的细微之处是不可能一一作出规定的。故处理这些问题时，各接待单位往往都有一些自己的补充、变通或其他规定的做法。一般而论，只要行之有效并且不与有关的明文规定相抵触，就可以采纳。

（3）遵守国际惯例。在确定或操作用于公务接待的礼宾规格时，尤其是在接待国外来宾时，通常还可以直接采用通行于国际社会的做法，即遵守国际惯例。这种方式既易于为双方所接受，又易于我方人员操作。

在遵守有关的国际惯例时，需要注意两点：一是不应与我方的外交方针相抵触；二是不应有违接待对象的习俗。

（4）采取对等做法。当一时难以确定接待来宾的具体礼宾规格时，我方人员还有一种方式可循，即可以采取对等的做法。这种方式具体是指我方可以参照被接待方在此之前接待我方同等职级者时所采用的礼宾规格执行，以示双方有来有往、礼遇相当。

（5）参考其他单位经验。若上述方式均难以实施时，可以参考其他机关、单位、部门此前接待来宾时的成功的接待经验。这种做法往往可以使我们在接待工作中少走弯路。

（二）礼宾排序

在多边性公务接待过程中，经常会遇到在同一时间、同一地点，需要同时接待来自不同国家、不同地区、不同单位、不同部门，具有不同职级、不同身份的多方人士的情况。如何按照合情合理的规矩或制度，具体安排好接待各方时的先后顺序或者位次非常重要。通常可以参考的办法有以下几种。

1. 按行政职务的高低排序

在多边性的公务活动交往中，如果来宾是由多人组成的，接待他们的先后顺序或者位次是由这个团带队负责人的行政职务高低决定的。带队人的行政职务高低，不仅是官衔大小的差别，而且更重要的是他的行政职务高低与他所能够承担的职能和职责是完全一致的。也可以说，来访团带队人的级别也是来宾方赋予这个团体职能、职责大小的标志。

2. 按拼写字母的先后排序

按拉丁字母排列的先后对各方来宾团队进行接待排序，既是一种独立排序的接待方法，又是按行政职务高低排序方法的补充。若不同国家、不同地区、不同单位、不同部门组团来访，应该优先考虑按来访团带队人行政职务级别进行排序，如果几个来访团带队人行政职务级别相同，则可以进一步采用按拉丁字母的先后进行排序接待。若来访者为个人，如专家学者、社会名流等，则应该根据个人的声望、贡献、社会影响力等情况灵活进行排序。

如果两个或者两个以上级别相同的来宾团队带队人姓名第一个字母也相同，则应以带队人姓名的第二个字母作为排序依据；若其第二个字母依旧相同，则应以其第三个字母作为排序依据，以此类推。

按拉丁字母排列顺序进行接待，而不是按照某国自定的字母顺序进行排序，这样做的目的主要是使各方来宾容易形成共识，不出现歧义。

3. 按抵达现场的先后排序

有些时候，可以按照来宾正式抵达活动现场的先后来排序。此种排列方式通常被称为"以先来后到为序"。在公务交往中，它主要适用于一些特定的涉外场合、非正式场合，以及上述两种排列方式均难以运用的场合。

4. 按报名的早晚排序

某些时候，也可按照来宾正式报名参加某项活动的具体时间的早晚来排序。此种排列方式俗称"以报名早晚为序"。它所适用的主要范围有各种招商会、展示会、博览会、陈列会等大型商贸类活动。当上述几种排列方式均不适用的时候，也可以采用此种排列方式。

5. 按宾主地位的不同排序

在多方公务接待中，有时除东道主与来宾之外，本单位、本系统的其他人员到场，来宾理当居前，本单位、本系统的人员应当居中，东道主一方则应当居后，也称为"先宾后主"。具体而言，境外人士应当排在境内人士之前；其他单位、系统的人员应当排在本单位、本系统的人员之前；本单位其他部门的人员应当排在本部门人员之前。

6. 不进行正式的顺序排列

此种方式一般称为"不排列"或"不排序"。实际上，它也是一种特殊形式的排列。在多方公务接待中，此种排列顺序主要适用于以下两种情况。

（1）没有必要进行顺序排列时。
（2）难以进行其他任何方式的排列时。

三、会议

所谓会议，是指多人出于一定的目的而聚集在一起从事某种活动。谈判、签约、合影、聚会等都是会议的具体形式。

（一）谈判的位次

举行正式谈判时，有关各方对谈判现场具体就座位次的要求非常严格，其礼仪性也是很强的。从总体上讲，排列正式谈判的位次可分为以下两种基本情况。

1. 双边谈判

双边谈判是指由两个方面的人士所举行的谈判。在一般性的谈判中，双边谈判最为常见。双边谈判的位次排列主要有以下两种形式可供选择。

（1）横桌式。横桌式位次排列是指谈判桌在谈判室内横放，客方人员面门而坐，主方人员背门而坐。除双方主谈者居中就座外，各方的其他人士则应依其具体身份的高低，按先右后左、自高而低的顺序分别在己方一侧就座。双方主谈者的右侧之位，在国内谈判中可坐副座，而在涉外谈判中则应由译员就座（见图 8-1-1）。

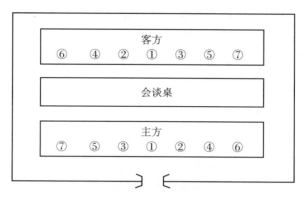

图 8-1-1 横桌式谈判的位次排列（按图中人物视角区分左右）

（2）竖桌式。竖桌式位次排列是指谈判桌在谈判室内竖放。具体排位时以进门时的方向为准，右侧由客方人士就座，左侧由主方人士就座，其他方面则与横桌式位次排列相仿（见图8-1-2）。

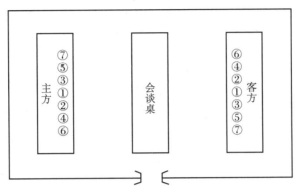

图8-1-2　竖桌式谈判的位次排列

2. 多边谈判

多边谈判是指由三方或三方以上人士参与的谈判。多边谈判的位次排列通常也可分为以下两种形式。

（1）自由式。自由式位次排列是指各方人士在谈判时自由就座，而无须事先正式安排位次。

（2）主席式。主席式位次排列是指在谈判室内面向正门设置一个主席之位，由各方代表发言时使用。其他各方人士，则一律背对正门、面对主席之位分别就座。各方代表发言后，也需下台就座（见图8-1-3）。

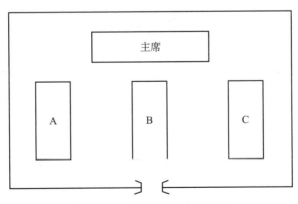

图8-1-3　主席式谈判的位次排列

按照惯例，在双边谈判中应设出席者名签。而在多边谈判中，则大多不需要出席者名签。在需要设置出席者名签时，应保证在座的每一个人都没有遗漏。名签应以印刷体打印，如果是涉外场合，则应同时采用本国与外国两种文字。通常，名签一面只有一种文字，应以本国文字面对自己，而以外国文字面对对方。

（二）签约的位次

签约即签字仪式，通常是指订立合同、协议、条约的各方在合同、协议、条约正式签署时所举行的正规签署仪式。举行签字仪式，不仅是对谈判成果的一种公开化、确定化、系统化、文字化，也是有关各方对自己履行合同、协议、条约所作出的一种正式承诺。签字时各方代表的位次是由主方代为先期排定的。举行签字仪式时，位次排列共有以下三种基本形式，它们分别适用于不同的具体情况。

1. 并列式

并列式排座是举行双边签字仪式时最为常见的形式。其基本做法：签字桌在室内居中面门横放，双方出席仪式的全体人员在签字桌之后并排排列，双方签字人员居中面门而坐，客方居右，主方居左（见图8-1-4）。

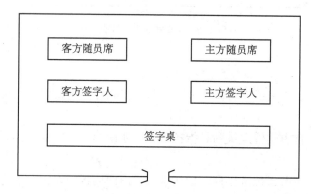

图8-1-4　并列式签约的位次排列（按图中人物视角区分左右）

2. 相对式

相对式排座与并列式签约的排座基本相同。两者之间的主要差别只是在于相对式排座将双方的随员席移至签字人的对面（见图8-1-5），即签字桌在室内居中面门而放，双方签字人员面门而坐，客方居右，主方居左，双方出席仪式的全体人员则在签字桌之前面对签字人员并排排列。

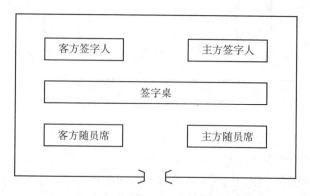

图8-1-5　相对式签约的位次排列（按图中人物视角区分左右）

3. 主席式

主席式排座主要适用于多边签字仪式。其操作特点：签字桌在室内横放，签字席设在桌后面对正门的位置，但只设一个，并且不固定就座者；举行仪式时，所有各方人员，包括签字人在内，皆应背对正门、面向签字席就座；签字时，各方签字人应以规定的先后顺序依次走上签字席就座签字，待签完字后再退回原处就座（见图 8-1-6）。

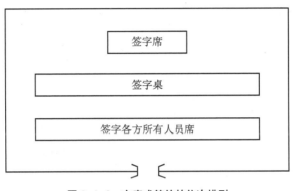

图 8-1-6　主席式签约的位次排列

（三）合影

1. 国内合影位次排列的惯例

国内合影时的排位一般讲究"居前为尊""居中为尊"和"以左为尊"（见图 8-1-7）。

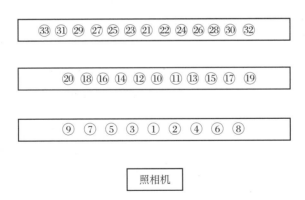

图 8-1-7　合影的位次排列之一（按图中人物视角区分左右）

2. 涉外合影位次排列的惯例

在涉外场合合影时，应遵守国际惯例，讲究"以右为尊"，即宜让主人居中，主宾居右，其他双方人员分别主左宾右依次排开（见图 8-1-8）。

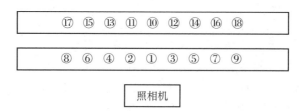

图 8-1-8　合影的位次排列之二（按图中人物视角区分左右）

（四）会议的位次

1. 小型会议

小型会议一般是指参加者人数较少、规模不大的会议。小型会议的主要特征是全体与会者均应排座，不设立专用的主席台。小型会议的排座目前主要有以下三种具体形式。

（1）自由择座。自由择座的基本做法是不排定固定的具体位次，而由全体与会者完全自由地选择座位就座。

（2）面门设座。面门设座一般以面对会议室正门之位为会议主席之座，其他的与会者可在其两侧自左而右地依次就座（见图 8-1-9）。

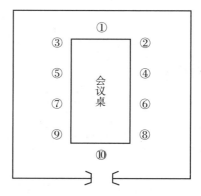

图 8-1-9　小型会议的位次排列（按图中人物视角区分左右）

（3）依景设座。依景设座是指会议主席的具体位置不必面对会议室正门，而是应当背依会议室之内的主要景致，如字画、讲台等，其他与会者的排座则略同于前者。

2. 大型会议

大型会议一般是指与会者众多、规模较大的会议。大型会议的最大特点是会场上应设主席台与群众席，前者必须认真排座，后者的位次则可排可不排。

（1）主席台的排座。大型会议的主席台一般应面对会场主入口。在主席台上就座的人，通常应当与在群众席上就座的人呈面对面之势。在每一名成员的面前，均应放置双向的桌签。主席台排座具体又可分作主席团排座、主持人席位、发言者席位三个不同设座方法。

① 主席团排座。主席团在此是指在主席台上正式就座的全体人员。国内目前排定主

席团位次的基本规则有三个：第一，前排高于后排；第二，中央高于两侧；第三，左侧高于右侧。

具体来讲，主席团排座又有单数（见图8-1-10）与双数（见图8-1-11）的区分：主席团成员为单数时，讲究中央高于两侧，左侧高于右侧；主席团成员为双数时，则讲究右侧高于左侧。

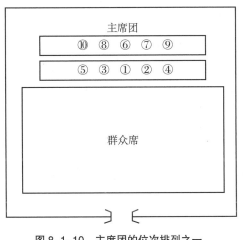

图8-1-10　主席团的位次排列之一　　　　图8-1-11　主席团的位次排列之二

② 主持人席位。会议主持人又称大会主席。其具体席位有以下三种方式可供选择：第一，居于前排正中央；第二，居于前排的两侧；第三，按其具体身份排座，但不宜就座于后排。

③ 发言者席位。发言者席位又叫发言席。在正式会议上，发言者发言时不宜就座在原处发言。发言席的常规位置有两种：第一，主席团的正前方（见图8-1-12）；第二，主席团的右前方（见图8-1-13）。

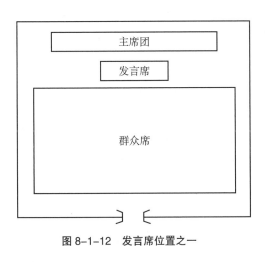 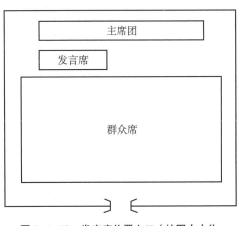

图8-1-12　发言席位置之一　　　　图8-1-13　发言席位置之二（按图中人物视角区分左右）

（2）群众席的排座。在大型会议上，主席台下的所有席位均称为群众席。群众席的具体排座方式有两种：①自由式择座，即不进行统一安排，而由大家自由择位而坐；②按单位就座，即与会者在群众席上按单位、部门或者地区、行业就座。它的具体依据既可以是与会单位、部门的汉字笔画的多少、汉语拼音字母的前后顺序，也可以是平时约定俗成的序列。按单位就座时，若分为前排、后排，一般以前排为高，后排为低；若分为不同楼层，则楼层越高，排序便越低。

在同一楼层排座时，又有两种普遍通行的方式：第一，以面对主席台为基准，自前往后进行横排（见图8-1-14）；第二，以面对主席台为基准，自左而右进行竖排（见图8-1-15）。

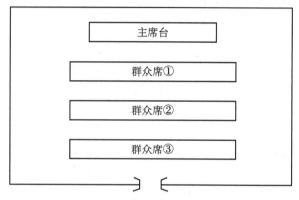

图8-1-14　群众席的位次排列之一

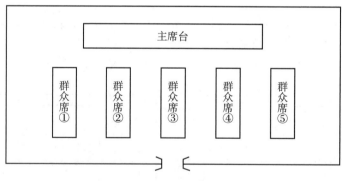

图8-1-15　群众席的位次排列之二

思考题

1. 同时升降我国国旗与外国国旗时，先后顺序是什么？
2. 礼宾的国际惯例是什么？
3. 礼宾的排序有哪些种类？
4. 大型会议主席团成员位次的基本规则是什么？

第二节　庆典与剪彩

一、庆典

庆典是各种庆祝仪式的统称。庆典的礼仪通常由组织庆典的礼仪和参加庆典的礼仪两项基本内容组成。

（一）组织庆典

庆典既然是庆祝活动的一种形式，就应当以庆祝为中心，尽可能把每一项具体活动都组织得热烈、欢快而隆重。首先要制订一个整体规划，既要体现出庆典的特色，又要安排好庆典的具体内容。

1. 确定出席者

组织一次庆典活动，应当精心确定好庆典的出席人员名单。庆典的出席者通常应该包括上级领导、社会名流、大众传媒、合作伙伴、社区单位领导、本单位领导和员工。

2. 来宾的接待

做好接待工作的最好办法是庆典一经决定举行，就成立对此全权负责的筹备组。筹备组应根据具体的需要下设若干专项小组，在公关、礼宾、财务、会务等各方面"分兵把守"，各管专项。其中负责礼宾工作的接待小组尤其不可缺少。接待小组的具体工作主要有以下几项。

（1）来宾的迎送，即在举行庆祝仪式的现场迎接或送别来宾。

（2）来宾的引导，即由专人负责为来宾带路，并将其送到既定的地点。

（3）来宾的陪同，即对某些年事已高或非常重要的来宾，应安排专人始终陪同，以便关心与照顾。

（4）来宾的招待，即指派专人为来宾送饮料、上点心及提供其他方面的招待。

3. 现场的布置

（1）地点的选择。

（2）环境的美化。

（3）音响的准备。

4. 庆典的程序

（1）预备。请来宾就座，保持现场安静，介绍嘉宾。

（2）宣布庆典开始。与会人员起立，奏国歌。
（3）主人致辞。
（4）嘉宾讲话。
（5）文艺演出。此项程序可有可无。
（6）进行参观。此项程序有时也可省略。

（二）参加庆典

参加庆典应注意以下几项。
（1）仪容整洁。
（2）服饰规范。
（3）遵守时间。
（4）表情庄重。
（5）态度友善。
（6）行为自律。
（7）发言简练。

二、剪彩

剪彩仪式是有关单位为了庆贺开业、开幕、开工等而隆重举行的庆典活动中的特殊程序，因其主要活动内容是约请专人使用剪刀剪断被称为"彩"的红缎带，故被称为剪彩。

（一）剪彩准备

1. 红缎带

红缎带即剪彩仪式之中的"彩"。按照传统做法，它应当由一整匹未曾使用过的红色绸缎在中间结成数朵花团而成。目前，很多单位为了节约，代之以长度为两米左右的细窄的红色缎带，或者以红布条、红线绳、红纸条作为变通之法。这些做法都是可行的。

一般来说，红色缎带上所结的花团不仅要生动、硕大、醒目，其具体数目往往还同现场剪彩者的人数直接相关。按照惯例，红色缎带上所结花团的具体数目应该较现场剪彩者的人数多一个，这样可以使每位剪彩者总是处于两朵花团之间，尤显正式、隆重。

2. 新剪刀

新剪刀是专供剪彩者在剪彩仪式上正式剪彩时所使用的，每位现场剪彩者人手一把，而且必须崭新、锋利而顺手。务必确保剪彩者在正式剪彩时顺利地一举成功，切勿一再补剪。在剪彩仪式结束后，主办方可将每位剪彩者使用的剪刀经过包装之后赠送给对方作为纪念品。

3. 白手套

白色薄纱手套是专门为剪彩者准备的。在正式的剪彩仪式上，剪彩者剪彩时每人戴上一副白色薄纱手套，以示郑重。在准备白色薄纱手套时，除了要确保数量充足之外，还需使之大小适度、崭新平整、洁白无瑕。如果决定本次剪彩不戴手套，也可不准备白色薄纱手套，但是要提前规定好，不能让剪彩者有人戴手套，有人不戴手套。

4. 大托盘

大托盘在剪彩仪式上托在礼仪小姐手中，用作盛放红色缎带、剪刀、白色薄纱手套，可在使用时铺上红色绸布或红色绒布。就其数量而论，在剪彩时，可用一只托盘依次向各位剪彩者提供剪刀与手套，并同时盛放红色缎带；也可以为每一位剪彩者配置一只专门为其服务的托盘，同时使红色缎带专由一只托盘盛放。后一种方法显得更加正式。

5. 红地毯

红地毯主要用于铺设在剪彩者正式剪彩时的站立之处。

（二）剪彩者

除主持人之外，剪彩的人员主要由剪彩者与助剪者构成。

1. 剪彩者

在剪彩仪式上，担任剪彩者是一种很高的荣誉。剪彩仪式档次的高低，往往与剪彩者的身份密切相关。

剪彩者即在剪彩仪式上手持剪刀剪彩的人。按照惯例，剪彩者可以是一个人，也可以是几个人，但是也不宜人数过多。通常，剪彩者由上级领导、合作伙伴、社会名人等担任。

若剪彩者仅为一人，剪彩时居中即可。若剪彩者不止一人，对他们同时上场的剪彩者位次排序就必须予以重视。一般的规则：中间高于两侧，右侧高于左侧，距离中间站立者越远位次越低，即主剪者应居于中央的位置。需要说明的是，之所以规定剪彩者的位次"右高左低"，主要是因为这是一项国际惯例，理当遵守。其实，若剪彩仪式并无外宾参加时，执行我国"左高右低"的传统做法也无不可。

2. 助剪者

助剪者指的是在剪彩者剪彩的一系列过程中从旁为其提供帮助的人员。一般而言，助剪者多由东道主一方的女性工作人员担任。现在，人们对她们的常规称呼是礼仪小姐。

具体而言，在剪彩仪式上服务的礼仪小姐又可以分为迎宾者、引导者、服务者、拉彩者、捧花者、托盘者：迎宾者的任务是在活动现场负责迎来送往；引导者的任务是在进行剪彩时负责带领剪彩者登台或退场；服务者的任务是为来宾尤其是剪彩者提供饮料，安排休息之处；拉彩者的任务是在剪彩时展开、拉直红色缎带；捧花者的任务是在剪彩时手托花团；托盘者的任务则是为剪彩者提供剪刀、手套等剪彩用品。

一般情况下，迎宾者与服务者应不止一人。引导者既可以是一个人，也可以为每位剪彩者各配一名。拉彩者通常应为两个人。捧花者的人数则需要视花团的具体数目而定，一般应为一花一人。托盘者可以为一人，也可以为每位剪彩者各配一人。有时，礼仪小姐也可身兼数职。

（三）剪彩的程序

在剪彩时，应按剪彩的程序有条不紊地进行。正常情况下，剪彩仪式应在行将启用的建筑、工程或者展销会、博览会的现场举行。正门外的广场、正门内的大厅都是可以优先考虑的剪彩场地。对活动现场可略做装饰，在剪彩处悬挂写有剪彩仪式具体名称的大型横幅更是必不可少。一般来说，剪彩仪式宜紧凑，忌拖沓，耗时越短越好，短则十五分钟，长则不宜超过半个小时。

按照惯例，剪彩既可以是开业仪式中的一项具体程序，也可以独立出来，由其自身的一系列程序组成。独立进行的剪彩仪式通常应包含六项基本程序：来宾就位、宣布开始、奏唱国歌、宾主发言、开始剪彩、进行参观。

剪彩之后，主人应陪同来宾参观剪彩项目。

（四）剪彩的操作

进行正式剪彩时，剪彩者与助剪者的具体操作必须合乎规范，否则就会使效果大打折扣。

1. 列队登场

主持人宣布剪彩开始后，礼仪小姐即应率先登场。在上场时，礼仪小姐应排成一列行进。从两侧同时登台，或是从右侧登台。登台之后，拉彩者与捧花者应当站成一行，拉彩者立于两端拉直红色缎带，捧花者各自双手捧一朵花团。托盘者须站立在拉彩者与捧花者身后一米左右之处，并且自成一行。

2. 各就各位

在剪彩者登台时，引导者应在其左前方进行引导，使之各就各位。剪彩者登台时，宜从右侧登场。剪彩者均已到达既定位置后，托盘者应前行一步，到达剪彩者的右后侧，以便为其递上剪刀、手套。

3. 列成一行

剪彩者若不止一人，登台时也应列成一行，并且让主剪者行进在前。在主持人向全体到场者介绍剪彩者时，剪彩者应面含微笑向大家点头致意。剪彩者行至既定位置后，应向拉彩者、捧花者含笑致意。当托盘者递上剪刀、手套时，剪彩者也应以微笑向对方道谢。

4. 协调行动

在正式剪彩前,剪彩者应首先向拉彩者、捧花者示意,待其有所准备后,集中精力,右手持剪刀,表情庄重地将红色缎带一刀剪断。若多名剪彩者同时剪彩,其他剪彩者应注意主剪者的动作,与其保持协调一致,以求大家同时将红色缎带剪断。

5. 鼓掌示意

按照惯例,剪彩之后,红色花团应准确无误地落到托盘者手中的托盘里,切勿让其坠地。为此,需要捧花者与托盘者的合作。

剪彩者在剪彩成功后,可以面向全体到场者致意。然后将剪刀、手套放置于托盘内,举手鼓掌。

6. 依次退场

剪彩后,剪彩者可依次与主人握手道喜,并在引导者的引导下列队退场。退场时,一般宜从右侧退场,引导者应行进在剪彩者左前方。

待剪彩者退场后,其他礼仪小姐方可列队由右侧退场。

无论剪彩者还是助剪者,在上下场时,都要注意井然有序、步履稳健、神态自然。在剪彩过程中,更要表现得不卑不亢、落落大方。

思考题

1. 庆典接待小组成员的具体工作主要有哪几项?
2. 庆典的程序是什么?
3. 剪彩的程序是什么?
4. 红色缎带上所结花团的具体数目有哪几类模式?

第三节 餐 饮

餐饮礼仪是指人们在赴宴进餐过程中根据一定的风俗习惯约定俗成的仪式和行为,在仪态、餐具使用、菜品食用等方面表现出的自律和敬人的行为,是餐饮活动中需要遵守的行为规范与准则。

一、中餐

中餐是中式餐饮的简称,是指一切具有中国特色的、依照传统方法制作的、为中国人日常生活中所享用的餐食和饮品。其中最主要的是具有中国传统风味和特色的餐饮。

（一）用餐的方式

1. 根据用餐的规模区分

根据中餐用餐规模的不同，可将其用餐方式划分为宴会、便餐等具体形式。宴会又可分为正式宴会与非正式宴会两种类型。

2. 根据餐具的使用区分

就餐具的使用而言，中餐的用餐方式又可分为分餐式、公筷式、自助式、合餐式四种具体形式。

（1）分餐式。分餐式用餐是指在用餐的整个过程中，为每一位用餐者提供的主食、菜肴、酒水，以及所提供的各种餐具，一律每人一份，分别使用，不容混杂共用或共享。

分餐式用餐的最大优点是既讲究用餐卫生，避免用餐时的交叉感染，又体现用餐公平，体谅害羞者、动作迟缓者。分餐式用餐主要适用于各种宴会，尤其是正式宴会。

（2）公筷式。公筷式用餐是一种较为形象的说法，是中餐的一种特殊用餐方式。在用餐时，主食、菜肴等不必人各一份分装开，但在取用主食、菜肴时，却不允许直接使用自己入口的餐具，如筷子、汤匙等，而必须首先借助于带有特殊标记的、公用的餐具，取拿适量，放入自己专用的食碟、汤碗内，然后使用自己专用的餐具享用。

公筷式用餐的优点在于既体现中餐传统用餐方式的和睦、热烈的气氛，又兼顾现代人注意卫生的要求。一般而言，公筷式用餐比较适合在家宴时采用。

（3）自助式。自助式用餐是近年来借鉴西方国家的一种现代用餐方式。其主要特点是不排席位，不安排统一的菜单，将所提供的全部主食、菜肴、酒水陈列在一起，由用餐者完全根据个人喜好自主选择、加工、享用。

自助式用餐的优点主要有三个：节省费用；礼仪讲究不多，宾主两厢方便；用餐者在用餐时完全可以自主选择。在举行大型活动、招待为数众多的来宾时，采用这种方式安排用餐是最为明智的一种选择。

（4）合餐式。合餐式又称混餐式，是中餐传统的用餐方式，具体是指多人一道用餐时，主食、菜肴被置于公用的碗、盘内，由用餐者根据自己的口味喜好使用自己的餐具直接从中取用。

采用合餐式用餐，容易体现和睦、团结的气氛，但不够卫生。因此，它仅仅适用于个人用餐或是家人一道聚餐。以这种方式举办宴会，尤其是宴请外国友人是非常不合适的。

（二）宴会菜单的安排

（1）中餐特色。

（2）本地特色。

（3）菜肴禁忌：宗教禁忌、地方禁忌、职业禁忌、个人禁忌。

（4）上菜次序：冷盘→热炒→主菜→点心→汤（咸或甜）→果盘。

（三）宴会席位的排列

1. 桌次的排列

（1）由两桌组成的小型宴请。这种情况通常又可分为以下两种具体形式：①两桌横排，"面门定位"，桌次以右为尊；②两桌竖排，"面门定位"，桌次以远为尊。

（2）由三桌或三桌以上组成的宴请。除了"面门定位，以右为尊，以远为尊"等规则外，还有"主桌定位，居中为尊，近主为尊"等规则。许多时候，这些规则往往是交叉使用的。

2. 位次的排列

（1）每桌一个主位的排列。

① 每桌设置一个主位，表明该桌只有一个谈话中心。最高主人大都应当在面对正门的主桌主位就座。

② 举行多桌宴请时，各桌均应有一位代表主人的座位，此人也称各桌主人，其位置一般应与主桌主人同向，有时也可面向主桌主人。

③ 各桌位次的确定以该桌主人为尊，以右为尊，近主为尊（见图8-3-1）。

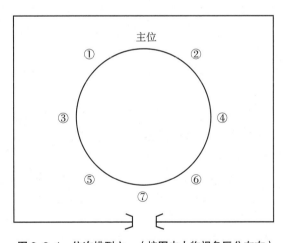

图8-3-1 位次排列之一（按图中人物视角区分左右）

（2）每桌二个主位的排列。如果每桌设置第一和第二两个主人，那么，第二主人就应该在第一主人对面就座。这表明该桌在客观上形成了两个谈话中心。该桌其他人的排列可以有以下两种方法。

① 第一和第二主宾分别在第一主人右左就座，第三和第四主宾分别在第二主人右左就座（见图8-3-2）。

② 主宾按先后排序，单数者在第一主人右左依次向下排列，双数者在第二主人右左依次向上排列（见图8-3-3）。

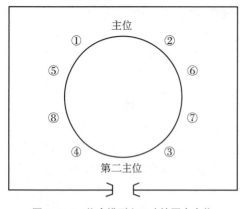

图 8-3-2　位次排列之二（按图中人物视角区分左右）

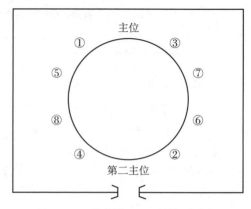

图 8-3-3　位次排列之三（按图中人物视角区分左右）

（四）餐具的使用

中餐餐具就是享用中餐时所使用的工具。一般情况下，中餐餐具具体又分为主餐具与辅餐具两大类。

1. 主餐具

（1）筷子。筷子的主要功能是夹取食物，一般应以右手持筷，用拇指、食指、中指三指前部共同捏住筷子的上部约 1/3 处。筷子必须成双使用，不可只用单根。使用筷子取菜、用餐时，需要注意下列问题。

① 不"品尝"筷子。不论筷子上是否残留食物，都不要去舔它，长时间把筷子含在嘴里也不合适。

② 不"跨放"筷子。当暂时不使用筷子时，可将它放在筷子座上，或搭放在自己所用的碗、碟边缘上。不要把筷子直接放在餐桌上，更不要把它横放在碗、盘上，尤其是公用的碗、盘上。掉到地上的筷子不要再用。

③ 不"插放"筷子。不使用筷子时，将其"立正"插放在食物、菜肴上尤为不可。根据民俗，只有在祭祀先祖时才可以这么做。此外，也不要把筷子当叉子，不可用它直接叉取食物。

④ 不敲击筷子。在餐桌上与人交谈时，应暂时放下筷子，切不可用它敲击碗、盘，指点对方。

（2）匙。匙的主要作用是舀取食物，尤其是流质的羹、汤。有时，用筷子取食时，也可用匙加以辅助。一般情况下，尽量不要单用匙去取菜。用匙取食时，不宜过满，免得溢出来弄脏餐桌或自己的衣服。必要时，可在舀取食物后，在原处暂停片刻，待汤汁不会再流时，再移到自己的碗中享用。使用匙有以下四点注意事项。

① 暂且不用匙时，应将其置之于自己的食碟上。不要把它直接放在餐桌上，或是插在食物中。

② 用匙取食物后，应立即食用，不要倒回去。

③ 若取用的食物过烫，不要用匙将其折来折去，也不要用嘴对其吹来吹去。

④ 食用匙里盛放的食物时，尽量不要把匙塞入口中，或反复吸吮它。

（3）碗。碗在中餐里主要用于盛放主食和羹汤。在正式场合用餐时，用碗的注意事项主要有以下四点。

① 不要端起碗来进食，尤其是不要双手端起碗来进食。

② 在食用碗内盛放的食物时，应使用筷子、匙，切勿直接用手抓取或吸食。

③ 碗内有食物剩余时，不可将其直接倒入口中，也不能用舌头伸进去乱舔。

④ 暂且不用的碗内不宜乱放东西，也不能把碗倒扣过来放在餐桌上。

（4）盘子。稍小一些的盘子被称为碟子。盘子在中餐中主要用于盛放食物，其在使用方面的讲究与碗略同。盘子在餐桌上一般应保持原位，不被搬动，而且不宜将多个盘子摞放在一起。

需要着重介绍的是一种用途较为特殊的被称为食碟的盘子。食碟的主要作用是暂放从公用的菜盘里取来享用的菜肴。使用食碟时，需要注意的问题有以下三个。

① 不要一次取放过多菜肴。

② 不要将多种菜肴堆放在一起。

③ 不宜入口的残渣、骨、刺不要吐在地上、桌上，不要让"废物"与菜肴交错。

2. 辅餐具

中餐的辅餐具是指进餐时非必需的餐具。

（1）水杯。中餐中所用的水杯主要供盛放清水、汽水、果汁、可乐等软饮料。使用水杯时，需要注意以下三点。

① 不要用水杯盛酒。

② 不要倒扣水杯。

③ 喝入口中的东西不能再吐回去。

（2）湿巾。在中餐用餐前，侍者通常会为每一位用餐者提供一块湿巾。它只能用来擦手，绝对不可用以擦脸、擦嘴、擦汗。擦手之后，应将其放回原处，由侍者取回。有时，在正式宴会结束前，会再上一块湿毛巾。与前者所不同的是，这块湿巾只能用来擦嘴，不能用来擦脸、擦汗。

（3）水盂。有时，品尝中餐需要手持食物进食。此刻，餐桌上往往会摆上一个水盂，也就是盛放清水的水盆。它里面的水不能喝，只能用来洗手。在水盂里洗手时，不要乱甩、乱抖，得体的做法是两手轮流沾湿指尖，然后轻轻浸入水中刷洗，洗毕应将手置于餐桌下，用纸巾擦干。

（4）牙签。在用餐的过程中，不当众剔牙。非剔不可时，应以餐巾或另一只手掩住口部。剔出来的东西切勿当众观赏或再次入口，也不要随手乱弹、乱吐。剔牙之后，不要长时间叼着牙签。取用食物时，切勿以牙签扎取（切块的水果除外）。剔牙时，最好是离开餐桌，到避人的地方进行。

（五）参加宴会的行为规范

（1）倾听致辞。

（2）适度交际。

（3）尊重食俗。例如，渔家、海员吃鱼时，忌讳将鱼翻身，因为它有"翻船"之嫌。

（4）不主动为其他人加菜、添饭。

（5）禁忌吸烟和随意走动。

二、西餐

所谓西餐，其实是一个十分笼统的概念，因为无论从形式上讲还是从内容上讲，西方各国的饭菜各有其特点，存在很大的差异。不过在中国人眼里，除了与中餐在口味上存在区别之外，西餐还是有着两个鲜明的特点：一是它们源自西方国家；二是它们必须以刀、叉取食。

（一）西餐的座次

与中餐相比，西餐的座次排列只有两点不同之处。

（1）女士优先。男主人则须退居第二主位。

（2）交叉排列。依照这一原则，男女应当交叉排列，生人与熟人也应当交叉排列。因此，一名用餐者的对面和两侧往往是异性，而且很有可能互相不熟悉。

（二）西餐的菜序

享用西餐时，通常要先上汤；而在中餐里，汤则是用餐的"结束曲"。

（1）开胃菜。开胃菜也称西餐的前菜或头盆，它是多由蔬菜、水果、海鲜、肉食等组成的拼盘，或以各种调味汁凉拌而成。

（2）面包。

（3）汤。汤主要有白汤、红汤（辣）、清汤等。

（4）主菜。主菜大体上要上一个冷菜，两个热菜。两个热菜中，一个是鱼菜，另一个是肉菜，往往代表着用餐的档次、水平。

（5）点心。

（6）甜品。

（7）果品。

（8）热饮。最正规的热饮是红茶或什么都不加的黑咖啡，也可以离开餐桌去客厅里喝热饮。

（三）西餐的餐具

1. *刀叉*

（1）刀叉的摆放。

① 在正规的西餐宴会上，通常讲究吃一道菜要换一副刀叉。也就是说，吃每一道菜时，都要使用专门的刀叉。既不可以胡拿乱用，也不可以从头至尾只使用一副刀叉。

②享用西餐正餐时，出现在每位用餐者面前的刀叉主要有吃黄油所用的餐刀、吃鱼所用的刀叉、吃肉所用的刀叉、吃甜品所用的刀叉。它们不但形状各异，而且摆放的具体位置也不相同。掌握这一点，对于正确区分它们尤为重要。

③吃黄油所用的餐刀，没有与之相匹配的餐叉。它的正确位置是横放在用餐者左手的正前方。吃鱼所用的刀叉和吃肉所用的刀叉，正确的做法应当是右刀左叉。餐刀在右、餐叉在左，分别纵向摆放在用餐者面前的餐盘两侧。餐叉的具体位置应处于吃黄油所用的餐刀的正下方。有时，在餐盘左右两侧分别摆放的刀叉会有三副之多，应当依次分别从两边由外侧向内侧取用。

④吃甜品所用的刀叉应于最后使用。它们一般被横向放置在用餐者面前的餐盘的正前方。

（2）刀叉的使用。

①英国式。它要求在进餐时始终右手持刀、左手持叉，一边切割，一边叉而食之。通常认为这种方式较为文雅。

②美国式。它的具体做法是，先是右刀左叉，一口气把餐盘里所要吃的东西全部切割好，然后把手里的餐刀斜放在餐盘前方，将左手中的餐叉换到右手再吃。这种方式比较省事。

③不论采用上述哪一种方式，都应注意以下五点。

a.在切割食物时，应当双肘下沉，不可以弄出声响。

b.被切割好的食物，应刚好适合完整入口，切不可叉起之后再一口一口地咬着吃。

c.享用食物时，可用叉铲着吃，但不能用刀扎着吃。

d.讲究刀叉的朝向。将餐刀临时放下时，不可刀口向外。双手同时使用刀叉时，叉齿应当朝下；右手持叉进食时，应保持叉齿向上。

e.掉落到地上的刀叉切勿再用，可请侍者另换一副。

（3）刀叉的暗示。使用刀叉可以向侍者暗示用餐者是否吃好了某一道菜肴。其具体方法如下。

①暂停用餐。如与人攀谈时，应暂时放下刀叉，正确的做法是刀右叉左，刀口向内，叉齿向下，呈汉字的"八"字形状摆放在餐盘上。它的含义是"此菜尚未用毕"。但要注意的是，不可将其交叉放成"十"字形，因为西方人认为那是一种不吉利的图案。

②结束用餐。如果吃完了，或不想再吃了，则可以刀口内向、叉齿向上，刀右叉左地并排纵放，或者刀上叉下地并排横放在餐盘里。这种做法等于在告知侍者"本人已用好此道菜，请将刀叉及餐盘一起收走"。

2. 餐匙

餐匙也称调羹、勺子。品尝西餐时，餐匙是一种不可或缺的餐具。学习餐匙的使用，应重点掌握其区别和用法两大问题。

（1）餐匙的区别。在西餐的正餐里，一般会至少出现两把餐匙，它们形状不同、用途不一，摆放的位置也各有不同。

①一把个头较大的餐匙叫作汤匙，通常摆放在用餐者右侧的最外端，与餐刀并列

纵放。

② 另一把个头较小的餐匙叫作甜品匙，一般横向摆放在吃甜品所用刀叉的正上方，并与其并列。如果不吃甜品，用不上甜品匙，有时也会被个头同样较小的茶匙所取代。

一定要记住：上述两种餐匙各有各的用途，不可相互替代。

（2）餐匙的用法。

① 餐匙只可用于饮汤、吃甜品，不可直接舀取其他任何主食、菜肴。

② 已经开始使用的餐匙，切不可再放回原处，也不可将其插入菜肴、主食，或是令其"直立"于甜品、汤盘或红茶杯中。

③ 使用餐匙时，要尽量保持其干净清洁。

④ 用餐匙取食时，动作应干净利索，切勿在甜品、汤或红茶中搅来搅去。

⑤ 用餐匙取食时，不要过量，而且一旦入口，就要一次用完。一匙所取用的食品，切勿反复品尝好几次。餐匙入口时，应以其前端入口，而不是将其全部塞进嘴里。

⑥ 不能直接用茶匙舀取茶水或咖啡来饮用。

3. 餐巾

（1）用于为服装保洁。将餐巾平铺于大腿之上，其主要目的就是避免进餐时掉落下来的菜肴、汁汤，以防弄脏自己的衣服。

（2）用来揩拭口部。通常，不应用餐巾擦汗、擦脸，也要尽量避免擦手。特别要注意，不要用餐巾去擦餐具，那样做等于向主人暗示餐具不洁。

（3）用来掩口遮盖。在进餐时，尽量不要当众剔牙，也不要随口吐东西。非做不可时，应左手拿起餐巾挡住口部。

（4）用来进行暗示。

① 当女主人铺开餐巾时，就等于是在宣布用餐可以开始了。

② 当主人，尤其是女主人把餐巾放到餐桌上时，意在宣告用餐结束，请各位告退。其他用餐者用餐结束，也可以这样示意。

③ 若中途需要暂时离开，但还要继续用餐，可将餐巾放置于本人座椅的椅面上。

（四）西餐的要求

（1）杜绝异响。

（2）忌用女侍者。

（3）积极交际。

三、自助餐

（一）就餐方式

（1）自助餐属于非正式宴会，用餐者随意取餐、随意就座。

（2）自助餐就餐者在既定时间、空间内随到随吃、随来随走。

（二）备餐惯例

（1）体现特色，包括本国特色、本地特色。
（2）品种多样。
（3）荤素搭配，尊重不同的饮食习惯。
（4）凉热分区，方便取餐。
（5）保证供应，及时填补。

（三）用餐要求

（1）排队取餐。
（2）公用餐具。
（3）少取多次。通常每餐最少取餐3次。
（4）远离餐台。这是在就座时，注意方便他人。
（5）文明用餐。
（6）适度交际。
（7）送回餐具。
（8）禁止外带。

四、茶

茶是我国各族人民最喜爱的一种日常饮品。它在我国的种植与利用至少已有四千多年的历史。在世界上，茶也同样深受许多国家人民的欢迎，并且与咖啡、可可一道并称为世界三大饮料。

（一）奉茶礼俗

（1）茶具配套。包括储茶、泡茶、品茶等三套茶具，都要很讲究。
（2）茶不过浓。头道茶用来洗茶，二道茶用来待客。
（3）不满为敬。容量2/3杯即可。
（4）上茶有序。三法任选：一是尊者优先；二是由近而远；三是自由取用。
（5）敬茶有礼。双手捧杯，置客右前，杯耳向右。续茶避客（侧身），主随客便。
（6）茶不过三。传统习俗：第一杯茶为迎客茶；第二杯茶为待客茶；第三杯茶为送客茶。

（二）品茶方法

（1）态度谦恭。欠身，双手接茶，致谢。
（2）认真品味。小口，细品，慢咽。
（3）拒茶诚恳。欠身，摆手，致谢。

五、咖啡

长期以来,咖啡一直是欧美国家饮料中的主角。在那里,咖啡不仅被用来提神、解渴,还频频现身于各种各样的社交聚会。它受欢迎的程度绝对不亚于在中国被视为国粹的茶。根据餐饮礼仪的规范,饮用咖啡时需要特别关注咖啡的种类和饮咖啡时的举止等问题。

(一)咖啡种类

(1)黑咖啡。黑咖啡属于纯咖啡,不加配料,解油腻,是身份高贵的标志。
(2)白咖啡。白咖啡也称法式咖啡,饮前可随意加入牛奶等配料。
(3)浓黑咖啡。浓黑咖啡也称意式咖啡,不宜加奶类配料,可加糖等。
(4)浓白咖啡。浓白咖啡也称意式咖啡,可加奶油奶皮,不宜加奶。
(5)爱尔兰式咖啡。爱尔兰式咖啡饮前不加奶,加威士忌酒,可刺激提神。
(6)土耳其式咖啡。土耳其式咖啡不除渣,可加奶、糖,中东人特别喜爱。
(7)现煮咖啡。现煮咖啡也称现磨现煮,是礼待贵客的首选。
(8)速溶或罐装咖啡。速溶或罐装咖啡不宜待客。

(二)举止规范

(1)杯不过三,小口慢饮,这一规范与中国的茶道相似。
(2)用右手端杯,不可双握或托底,不可端碟吸食。
(3)可用匙搅拌,用后放置盘中,不可用匙舀喝。
(4)轻声交谈,切勿妨碍对方饮用。

六、酒水

酒水通常是对用来佐餐、助兴的各种酒类的一种统称。自古以来,在世界各国,酒水在交际场合,尤其是在宴请、聚餐活动中都发挥着重要的作用。久而久之,有关酒水的选择、饮用及待客、佐餐等一系列具体做法已经形成了一整套规范、完备的礼仪。

(一)酒水的种类

(1)白酒。60度,中国发明。纯正不掺,满杯敬人,一饮而尽。
(2)啤酒。4度,多作餐中饮料。
(3)葡萄酒。12度,是正式宴会中的佐餐酒,宜纯不宜掺。
(4)香槟酒。10度,也称发泡葡萄酒,宜于冷藏、佐餐、助兴。
(5)白兰地。40度,也称蒸馏葡萄酒,是"洋酒"中的贵族。用右手托起大肚矮脚杯,观色加温,闻后慢品,敬而不干,常作餐后酒。
(6)威士忌。40度,谷物发酵酿造,可以加冰块、苏达、姜汁等。
(7)鸡尾酒。用各种酒果汁蛋清糖浆汽水等调配而成,常作餐前酒。

（二）斟酒

1. 侍者斟酒

侍者应该按照顺时针走到受酒者右侧，受酒者可以按照侍者提示从已备酒中选择自己喜好的酒水，勿忘道谢。"满杯酒，半杯茶"，但是，也不必过满溢出。按国际礼节，酒杯不要过满。

2. 主人斟酒

通常，应有侍者托盘待用酒水，陪同主人逐次斟酒。受酒者应该端起酒杯致谢，必要时还须起身站立或欠身点头为礼。

3. 客人斟酒

客人斟酒必须首先请求主人同意，然后由侍者陪同按照"尊者优先"的原则依次为受酒者斟酒。受酒者可以点头致谢，也可以回敬"叩指礼"（或以右手五指尖轻叩桌面三次；或以右手拇指、食指、中指捏在一起，用指尖轻叩几下桌面；或以右手食指尖轻叩桌面）。需要说明的是，这种方法仅适用于中餐宴会。

（三）敬酒

1. 主人敬酒

主人每次向全体客人敬酒，都需要确立一个主题，简单说几句话，然后举起酒杯邀请人家同时共饮。如果主人需要逐一向客人敬酒，可以顺时针走到每位客人右侧举杯敬酒。向特别客人单独敬酒，要向大家说明原因。客人接受主人敬酒时，要根据主人体姿或站或坐，表示感谢。

2. 客人敬酒

客人敬酒必须首先请求主人同意，然后向全体就餐者敬酒，或依次向主人、客人敬酒，或说明原因单独向某人敬酒。

3. 敬酒不逼酒

敬酒者提议"干杯"，自己可以干杯，但是，不能强迫别人干杯。

4. 举杯不碰杯

在敬酒时，不能隔着餐桌与大家碰杯，避免将酒洒进菜中。特别是在西餐中，手臂相交组成十字，会被认为是不吉利的。一定要碰杯时，应该离开餐桌单独进行。碰杯时，应该将自己的酒杯略低于对方，以示敬意。

（四）酒会规则

酒会实际上是一种形式比较简单的、略备酒水和点心款待来宾的招待会。一般情况下，正规的酒会多以鸡尾酒为主，所以又叫鸡尾酒会。酒会上所提供的酒水、点心、菜肴等均以冷食为主，因此有时也被称为冷餐会。酒会规则如下。

（1）不必准时。

（2）不限衣着。

（3）不排席次。

（4）交往自由。

（5）菜肴自选。

思考题

1. 使用筷子时有哪些禁忌？
2. 中餐与西餐的位次、桌次的排位有哪些不同？
3. 西餐用餐时刀叉的使用和摆放有什么要求？
4. 敬茶的顺序怎么确定？
5. 哪种咖啡不适宜待客？

参 考 文 献

[1] 承剑芬. 应用写作教程 [M]. 上海：复旦大学出版社，2015.
[2] 刘春丹. 财经应用文写作 [M]. 上海：复旦大学出版社，2012.
[3] 欧阳友权，朱秀丽. 口才学教程 [M]. 北京：高等教育出版社，2018.
[4] 汪启明. 演讲理论与实务 [M]. 成都：四川大学出版社，2017.
[5] 艾跃进. 大学生实用口才学 [M]. 天津：南开大学出版社，2004.
[6] 郑璇. 手语基础教程 [M]. 上海：华东师范大学出版社，2015.
[7] 董乃群. 演讲与口才实训教程 [M]. 北京：清华大学出版社，2021.
[8] 张静，周久元. 实用口才训练 [M]. 上海：东华大学出版社，2016.
[9] 祁玉红，张岩松. 大学生社交礼仪 [M]. 北京：清华大学出版社，2011.
[10] 沈春娥. 大学生社交礼仪 [M]. 北京：中国文联出版社，2017.
[11] 金正昆. 当代公关礼仪 [M]. 北京：高等教育出版社，2012.
[12] 沈杰，方四平. 公共关系与礼仪 [M]. 北京：清华大学出版社，2006.
[13] 姜红，等. 商务礼仪 [M]. 上海：复旦大学出版社，2011.

后　　记

　　为了提升大学生人文素养，长春工业大学人文信息学院从建校以来就开设了"应用文书""演讲口才""现代礼仪"这三门公共基础课程。经过多年来的教学经验积累，2019年在学校创始人董事长张兆华教授的亲自关心和具体指导下，由人文基础教研部编写了"人文基础简明教程"讲义，把"应用文书""演讲口才""现代礼仪"这三门课程作为三个教学模块纳入其中，进一步突出了模块教学的理论知识与专业技能的结合。与此同时，学校把"人文基础简明教程"作为全校学生的公共必修课开设至今。2022年，我们进一步总结教学中的经验，修编了《人文基础简明教程》的第二稿。现在出版的《人文基础简明教程　应用文书　演讲口才　现代礼仪》是《人文基础简明教程》修编的第三稿。

　　本书由长春工业大学人文信息学院人文基础教研部主任蒙一丁对内容、框架、结构等进行总体设计并最后统稿、修改、审定。第一模块由曹艳英编写第一章至第四章初稿；张余雷编写绪论和第一章第六节；徐毓宣编写第一章第一节；杨嵩菏修改第三章。第二模块由黄苹编写。第三模块由蒙一丁编写；陈昊负责校改及编务。

2024年3月26日